D1329794

Les trois mouvements
de la vie spirituelle

A vous Deux...

Pour le Plaisir de vous
offrir tout simplement
un Petit Plaisir... et

tout tendrement vous
rappeller mon Affection
et ma tendresse...
    Doux Baisers
        Jocelyne

Henri J. M. Nouwen

Les trois mouvements de la vie spirituelle

Traduit de l'anglais par
Ghislaine Roquet, c.s.c.

BELLARMIN

Données de catalogage avant publication (Canada)

Nouwen, Henri J. M.
Les trois mouvements de la vie spirituelle
Traduction de: *Reaching out*
Comprend des réf. bibliogr.

ISBN 2-89007-875-2

1. Vie spirituelle — Église catholique.
2. Moi (Psychologie) — Aspect religieux — Église catholique.
3. Relations humaines — Aspect religieux — Église catholique.
4. Prière — Église catholique.
I. Titre.

BX2350.2.N6714 1998   248.4'82   C98-940565-6

Dépôt légal: 3ᵉ trimestre 1998
Bibliothèque nationale du Québec

Les Éditions Bellarmin remercient le ministère du Patrimoine canadien du soutien qui leur est accordé dans le cadre du Programme d'aide au développement de l'industrie de l'édition. Les Éditions Bellarmin remercient également le Conseil des Arts du Canada et la Société de développement des entreprises culturelles du Québec (SODEC).

À ma mère et à mon père

Remerciements

J'ai esquissé ce livre lors d'un séminaire court et très animé sur la spiritualité chrétienne, à l'École de théologie de l'université Yale. J'en ai écrit les dernières pages deux ans et demi plus tard, durant une longue et paisible retraite à l'abbaye trappiste de Genesee. Même si ce livre, plus que tout autre de mes écrits, est un témoignage intensément personnel et exprime mes pensées et mes sentiments les plus profonds sur le fait d'être chrétien, c'est certainement en le rédigeant que j'ai eu le plus besoin d'aide et en ai le plus reçu.

Sans l'intérêt sincère, les appréciations critiques et les contributions originales de plusieurs étudiants, je n'aurais jamais pu faire la distinction entre le personnel et le confidentiel, entre l'universel et l'individuel.

Je remercie tout particulièrement Gary Cash de m'avoir aidé à intégrer dans ce texte plusieurs des idées exprimées par mes étudiants en réponse à notre premier séminaire. Je suis aussi très reconnaissant à Ellie Drury, qui m'a encouragé à dire ce que j'avais à dire sans détours et sans ambages, ainsi qu'à madame James Angell, qui m'a aidé à le dire dans une langue correcte.

Je dédie ce livre avec amour et affection à ma mère et à mon père qui ont créé un lieu où je pouvais entendre l'appel de Dieu et y répondre.

Abbaye de Genesee
Piffard, New York

Avant-propos

Ce livre répond à la question: «Que veut dire vivre dans l'Esprit de Jésus Christ?» C'est donc un livre personnel, un livre né de luttes qui étaient d'abord les miennes et le sont encore. Mais, au fil des ans, j'ai constaté qu'en approfondissant ces luttes, en les traquant jusqu'à leurs sources, j'atteignais un niveau où elles pouvaient être partagées. On ne trouvera pas de réponses ou de solutions dans ce livre; par contre, je suis convaincu que la souffrance et l'effort requis pour atteindre à une spiritualité authentiquement chrétienne ne sont pas vains, puisqu'au cours de cette quête, nous pouvons découvrir des signes d'espoir, de courage et de confiance.

Ces dernières années, j'ai lu plusieurs études sur la spiritualité et la vie spirituelle; j'ai écouté bien des conférences, échangé avec de nombreux guides spirituels et visité maintes communautés religieuses. J'ai beaucoup appris, mais le temps est venu de prendre conscience que les parents, les professeurs, les conseillers ne peuvent rien de plus qu'offrir un espace libre et amical où chacun découvre, seul, son propre chemin. Peut-être ma peur viscérale d'être sans appui et tout seul m'a-t-elle poussé à aller de personne en personne, d'un livre et d'une école à l'autre, évitant fébrilement la responsabilité de vivre ma propre vie. Tout cela est sans doute possible; mais le moment est venu — et c'est le plus important — où je ne peux plus me retirer en répétant: «Certains disent... d'autres disent», mais où je dois répondre à la question: «Et vous, qui dites-vous que je suis?» (*Mc* 8,27-30[1])

La question de la vie spirituelle pose un défi. Elle atteint le cœur même de l'existence. Elle contraint à ne rien tenir pour acquis — ni le bien, ni le mal; ni la vie, ni la mort; ni les êtres humains, ni Dieu. C'est pourquoi cette question, si intimement mienne, est aussi celle qui requiert le plus de conseils. C'est pourquoi les décisions les plus personnelles exigent le plus grand soutien. Même après des années d'étude et de formation, même avec les conseils avisés de plusieurs personnes, je puis encore répéter avec Dante: «Au milieu du chemin de notre vie, je me trouve dans une forêt[2].» Cette expérience est aussi effroyable

---

1. Les passages bibliques cités dans le présent ouvrage sont tirés de *La Bible. Traduction œcuménique (TOB)*, Paris /Villiers-le-Bel, Cerf/Société biblique française, 6ᵉ édition, 1988, 3112 p.

2. DANTE ALIGHIERI, *La divine comédie*, chant I: *L'enfer*, Paris, Flammarion, 1985.

qu'enivrante, parce que nous éprouvons alors ce que c'est qu'être tout à fait seul, seul dans le monde, seul devant Dieu.

Je voulais écrire ce livre parce que je suis de plus en plus convaincu que ma vie appartient aux autres autant qu'à moi-même et que l'expérience vécue comme intensément personnelle se révèle souvent imbriquée solidement dans notre commune condition humaine.

En bref, nous pouvons dire que la vie spirituelle est une démarche vers notre moi le plus intime, vers nos compagnons humains et vers notre Dieu. En effet, l'expression «démarche vers» rend bien le ton et le but de ce livre. Au milieu d'une vie turbulente et souvent chaotique, nous sommes appelés à tendre avec une honnêteté courageuse vers notre moi le plus intime, à tendre avec une attention indéfectible vers nos compagnons humains et à tendre dans une prière toujours plus intense vers notre Dieu. Toutefois, pour atteindre ce but, nous devons confronter et examiner sans faux-fuyants notre agitation intérieure, nos sentiments ambivalents envers les autres et nos doutes profonds quant à l'absence de Dieu.

J'ai longtemps hésité à écrire ce livre si personnel. Comment puis-je parler de cette démarche spirituelle, de cette «démarche vers», quand je me vois si souvent prisonnier de mes propres passions et faiblesses? Je trouve réconfort et encouragement dans les mots d'un des plus austères ascètes, Jean Climaque, qui, au VIIe siècle, passa quarante ans de vie solitaire au mont Sinaï. Dans son chapitre sur le discernement, le vingt-sixième de son échelle spirituelle, il écrit:

> S'il se trouve des gens qui, quoique tyrannisés par leurs passions, soient capables de donner à leurs frères des leçons utiles et simples, je suis bien éloigné de le leur défendre: qu'ils le fassent; car il pourra fort bien arriver qu'à cause des exhortations qu'ils feront, ils prennent honte d'eux-mêmes, et commencent à faire mieux et à mener une meilleure vie[3].

Ces mots suffisent pour surmonter mes appréhensions et me donner toute liberté pour décrire cette grande aspiration humaine à tendre vers Dieu et vers ceux qui sont créés à son image et à sa ressemblance.

---

3. Saint JEAN CLIMAQUE, *Œuvres de saint Jean Climaque, abbé du mont Sinaï*, comprenant *L'échelle sainte ou Les degrés pour monter au ciel*, et *La lettre au pasteur*, Lyon, Fr. Guyot, Imprimeur-Libraire, 1836, p. 316.

Introduction

Dans une société qui accorde beaucoup de valeur au développement, au progrès et au succès, la vie spirituelle devient assez facilement l'objet de préoccupations qui s'expriment ainsi: «Où en suis-je rendu dans mon cheminement?», «ai-je mûri depuis que j'ai entrepris ce cheminement spirituel?», «quel niveau ai-je atteint et comment puis-je passer au suivant?» — «quand parviendrai-je à l'union avec Dieu et à l'expérience de l'illumination ou de la révélation?» Quoique aucune de ces questions ne soit comme telle dénuée de sens, elles peuvent devenir dangereuses dans le contexte d'une société centrée sur la réussite. Plusieurs grands saints ont décrit leurs expériences religieuses, et plusieurs autres les ont systématisées en phases, en étapes ou en niveaux différents. Ces distinctions peuvent être utiles à ceux qui écrivent des livres et à ceux qui les utilisent pour enseigner, mais il est très important de rejeter le monde des mesures quand nous parlons de la vie de l'Esprit. Une réflexion personnelle illustre ce que j'avance. Quand, après plusieurs années de vie adulte, je me demande: «Où en suis-je comme chrétien?», je trouve autant de raisons d'être optimiste que pessimiste. Je livre encore aujourd'hui des luttes que je menais il y a vingt ans. Je suis encore à la recherche de la paix intérieure, de relations enrichissantes avec les autres et de l'union avec Dieu. Ni moi, ni personne d'autre, ne peux savoir si les légers changements psychologiques des dernières années ont fait de moi un homme plus ou moins pénétré de spiritualité.

Toutefois, nous pouvons dire une chose: distraits par toutes les inquiétudes et les préoccupations qui sont souvent semblables au long des années, nous pouvons prendre conscience des différents pôles entre lesquels nos vies vacillent et se maintiennent en état de tension. Ces pôles définissent le contexte dans lequel nous pouvons parler de la vie spirituelle, parce qu'ils peuvent être reconnus par quiconque cherche à vivre dans l'Esprit de Jésus Christ.

La première polarité concerne notre relation avec nous-mêmes. C'est la polarité entre l'isolement et la solitude. La seconde polarité forme la base de notre relation aux autres. C'est la polarité entre l'hostilité et l'hospitalité. La troisième polarité, la dernière et la plus importante, structure notre relation avec Dieu. C'est la polarité entre l'illusion et la prière. Au cours de notre vie, nous prenons conscience non seulement de l'isolement qui nous afflige, mais aussi de notre véritable aspiration à une solitude du cœur; nous prenons péniblement conscience non seulement de nos sentiments d'hostilité, mais aussi de notre espoir d'accueillir nos compagnons humains dans une hospitalité inconditionnelle. Plus fondamentalement, nous découvrons non seulement les tenaces illusions qui nous font agir comme si nous étions les maîtres de notre destin, mais aussi le fragile cadeau de la prière cachée dans les profondeurs de notre moi le plus intime. Ainsi, la vie spirituelle oscille constamment entre les pôles de l'isolement et de la solitude, de l'hostilité et de l'hospitalité, de l'illusion et de la prière. Plus nous approchons de l'étape douloureuse de la prise de conscience de notre isolement, de nos hostilités et de nos illusions, mieux nous comprenons que la solitude, l'hospitalité et la prière font partie de notre vision de la vie. Même si, après plusieurs années d'existence, nous nous sentons souvent plus abandonnés, plus hostiles et plus remplis d'illusions que lorsque nous n'avions pas de passé sur lequel nous pencher, nous savons mieux maintenant que toutes ces souffrances ont approfondi et aiguisé notre besoin pressant de tendre à une vie solitaire, hospitalière et imprégnée de prière.

Et ainsi, écrire sur la vie spirituelle, c'est un peu comme faire des reproductions à partir de négatifs. Peut-être est-ce précisément l'expérience de l'isolement qui nous permet d'esquisser les premiers pas hésitants vers la solitude. Peut-être est-ce précisément la confrontation révoltante avec notre moi hostile qui nous donne les mots pour parler de l'hospitalité comme d'une véritable option. Peut-être n'aurons-nous jamais le courage de parler de la prière comme d'une vocation humaine sans faire la découverte troublante de nos propres illusions. Souvent, c'est la forêt sombre qui nous pousse à parler des champs à perte de vue. Fréquemment, la prison nous fait penser à la liberté, la faim nous aide à apprécier la nourriture et la guerre nous inspire les mots pour décrire la paix. Il n'est pas rare que nos visions du futur naissent des souffrances présentes et que notre espérance pour les autres naisse de notre propre désespoir. Peu de «conclusions heureuses» nous rendent heureux, mais souvent nous retrouvons espoir quand quelqu'un clarifie, avec prudence et honnêteté, les ambiguïtés, les incertitudes et les conditions pénibles de la vie. En effet, le paradoxe c'est qu'une nouvelle vie naisse des souffrances de l'ancienne.

La vie de Jésus nous a clairement démontré que la vie spirituelle n'admet pas de détours. Si nous n'affrontons pas l'isolement, l'hostilité ou l'illusion, nous ne connaîtrons jamais la solitude, l'hospitalité et la prière. Nous ne saurons jamais, à coup sûr, si nous réaliserons pleinement les possibilités de cette nouvelle vie que nous pouvons découvrir au cœur de l'ancienne. Peut-être mourrons-nous isolés et hostiles, emportant nos illusions dans la tombe. Plusieurs semblent le faire. Mais quand Jésus nous demande de prendre notre croix et de le suivre (voir *Mc* 8,34), nous sommes invités à dépasser notre condition brisée et pécheresse et à créer une vie qui laisse présager les grandes choses préparées pour nous.

Ce livre est divisé en trois parties, chacune portant sur un mouvement différent de la vie spirituelle. En effet, je suis convaincu que vivre une vie spirituelle signifie, en tout premier lieu, prendre conscience des pôles entre lesquels nous nous maintenons en état de tension. Le premier mouvement, de l'isolement à la solitude, concerne la vie spirituelle et ses rapports avec l'expérience de notre propre moi. Le second mouvement, de l'hostilité à l'hospitalité, porte sur la vie spirituelle en tant que vie pour les autres. Le troisième et dernier mouvement, de l'illusion à la prière, concerne notre relation avec Dieu, si précieuse et si mystérieuse, qui est la source de toute vie spirituelle.

Nul n'est besoin de souligner que ces mouvements ne sont pas des entités distinctes. Certains thèmes réapparaissent dans les différentes parties, dans diverses tonalités, et souvent ils se fondent l'un dans l'autre comme les différents mouvements d'une symphonie. Mais nous espérons que cette division de la vie spirituelle en trois mouvements nous permettra de mieux identifier les divers éléments de la vie spirituelle et nous encouragera à tendre vers notre moi le plus intime, vers nos compagnons humains et vers notre Dieu.

Tendre vers notre moi
le plus intime

Le premier mouvement:
de l'isolement à la solitude

CHAPITRE I

Un isolement étouffant

Entre la compétition et la camaraderie

Il est loin d'être facile de faire l'expérience douloureuse de l'isolement. On préfère l'éviter, mais c'est tout de même une expérience à laquelle chaque être est inévitablement confronté à un moment de sa vie. Enfant, vous l'avez peut-être ressenti, lorsque vos camarades de classe ont ri de vous parce que vous louchiez. Adolescent, vous l'avez peut-être ressenti quand vous avez été le dernier choisi comme membre de l'équipe de baseball; peut-être aussi quand, pensionnaire, vous vous ennuyiez de vos parents et amis, ou quand vous vous rebiffiez contre des règlements absurdes que vous ne pouviez changer. Jeune adulte, vous avez peut-être ressenti cet isolement à l'université où chacun ne parlait que de notes, mais où trouver un ami intime était fort difficile; ou serait-ce dans un groupe militant où personne ne retenait vos suggestions? Vous l'avez peut-être ressenti comme professeur, quand les étudiants ne réagissaient pas à vos cours préparés avec soin; ou comme prédicateur, quand les gens somnolaient durant vos sermons bien intentionnés. Et vous le ressentez peut-être aussi encore, jour après jour, durant les réunions de personnel, les congrès et les sessions de *counselling*, durant les longues heures de travail au bureau ou à l'usine; ou quand vous êtes seul, délaissant un livre qui ne peut retenir votre attention. Presque chaque être humain peut se rappeler des situations semblables ou beaucoup plus dramatiques où il a ressenti cet étrange tourment intérieur, cette faim mentale, ce malaise déroutant qui nous fait dire: «Je me sens tout seul.»

L'isolement est l'une des expériences humaines les plus universelles, mais notre société occidentale contemporaine nous a fait prendre conscience de notre isolement comme jamais auparavant.

Durant une visite récente à New York, j'écrivis la note suivante:

Assis dans le métro, je suis entouré de personnes silencieuses, cachées derrière leurs journaux ou rêvassant dans le monde de leurs propres fantaisies. Personne ne parle avec un inconnu, et un policier en patrouille me rappelle que les gens ne cherchent pas à s'aider les uns les autres. Mais quand mes yeux parcourent les affiches sur les murs du wagon, m'invitant à acheter toujours plus de produits ou de tout nouveaux produits, je vois de beaux jeunes hommes et de belles jeunes filles qui s'embrassent doucement, qui se sourient dans des bateaux à voiles rapides; je vois aussi de fiers explorateurs à cheval qui s'encouragent mutuellement à courir des risques, des enfants enjoués qui dansent sur une plage ensoleillée, et de charmantes hôtesses toujours prêtes à me servir en avion ou lors d'une croisière. Alors que la voiture s'enfonce dans un tunnel, puis dans un autre, et que je me rappelle nerveusement où je garde mon argent, les mots et les images qui décorent ce monde inquiétant me parlent d'amour, de douceur, de tendresse et de rassemblements joyeux et spontanés.

La société contemporaine nous rend intensément conscients de notre isolement dans un monde où même les relations les plus intimes sont marquées par la concurrence et la rivalité.

La pornographie est une conséquence de cet isolement. C'est l'intimité mise en vente. Dans les nombreux magasins «pornos», des centaines d'hommes tout à fait seuls, jeunes et vieux, craignant qu'on les reconnaisse, regardent en silence des photos de jeunes filles nues qui leur donnent l'illusion d'une intimité où une inconnue fera fondre leur isolement. Tout autour, les rues témoignent bruyamment du combat sans merci pour la survie et même les coins «pornos» ne peuvent étouffer ce bruit, d'autant que les propriétaires de ces magasins rappellent à leurs clients qu'ils devraient acheter et non pas «seulement regarder».

L'isolement est de nos jours une des sources les plus universelles de la souffrance humaine. Les psychiatres et les psychologues cliniciens en parlent comme de ce dont les patients se plaignent le plus. Il est la source non seulement d'un nombre croissant de suicides, mais aussi de l'alcoolisme, de l'usage de drogues, de symptômes psychosomatiques divers — tels que maux de tête, de ventre et de dos — et d'un grand nombre d'accidents de la route. Les enfants, les adolescents, les adultes et les personnes âgées sont de plus en plus exposés à contracter cette maladie contagieuse qu'est l'isolement dans un monde où l'individualisme et l'esprit de compétition se conjuguent tant bien que mal à une culture célébrant les rapprochements, l'unité et la communauté comme des idéaux à poursuivre.

Pourquoi tant de fêtes et de réunions d'amis nous laissent-elles tristes et vides? Serait-ce la concurrence profonde et souvent inconsciente entre les personnes qui les empêche de se révéler l'une à l'autre et de tisser des liens plus durables que la fête elle-même? Quand nous sommes toujours les bienvenus, notre absence ne fera pas une grande différence et quand tout le monde peut venir, personne ne remarquera l'absence d'un invité. Habituellement, il y a assez de nourriture et plein de gens prêts à la manger, mais souvent il semble que la nourriture ait perdu son pouvoir de créer la communauté et assez souvent nous quittons la fête plus conscients de notre solitude qu'à notre arrivée.

Les expressions auxquelles nous avons recours suggèrent tout sauf l'isolement. «Veuillez entrer; nous sommes tellement heureux de vous voir... Permettez-moi de vous présenter à mon très grand ami: il va être si content de vous rencontrer... J'ai tellement entendu parler de vous que je suis ravi de faire enfin votre connaissance... Ce que vous dites est des plus fascinant et je souhaiterais que plus de gens puissent vous entendre... Cela a été tellement agréable d'échanger avec vous et d'avoir l'occasion de vous connaître... J'espère vraiment que nous allons nous revoir. Sachez que vous êtes toujours le bienvenu et n'hésitez pas à amener un ami... Revenez bientôt.» Ce sont là des mots qui traduisent le désir d'être proche des gens et accueillant, mais qui, dans notre société, ne réussissent pas à soulager les souffrances qu'engendre notre isolement, parce que la douleur véritable est ressentie au plus profond de nous, là où nous ne laissons pénétrer à peu près personne.

Les racines de l'isolement sont très profondes et les annonces publicitaires optimistes qui présentent des images d'amour et de rapprochement qui ne sont que des substituts, n'y peuvent rien. Elles se nourrissent de la conviction que personne ne se soucie des autres ni n'est disposé à offrir un amour inconditionnel, et qu'il n'existe pas de lieu où nous pouvons nous montrer vulnérables sans que l'on abuse de nous. Les nombreux petits signes quotidiens de rejet —

un sourire sarcastique, une remarque cavalière, un démenti rapide ou un silence amer — pourraient être tout à fait innocents et ne pas mériter que nous nous y attardions s'ils ne réveillaient en nous la crainte fondamentale d'être abandonnés avec «pour intimes, les ténèbres». (*Ps* 88,19)

Éviter le vide douloureux

Cet isolement humain fondamental nous menace, cet isolement si difficile à affronter. Trop souvent, nous faisons de notre mieux pour éviter de vivre l'isolement, et parfois nous inventons les stratagèmes les plus ingénieux pour l'oublier. Notre culture a développé des moyens sophistiqués pour échapper à la souffrance, non seulement physique, mais aussi émotive et mentale. Non seulement nous inhumons nos morts comme s'ils étaient encore vivants, mais nous ensevelissons nos souffrances comme si elles n'existaient pas vraiment. Nous nous sommes si bien habitués à cet état d'anesthésie que nous paniquons quand il ne reste plus personne ou plus rien pour nous distraire. Quand nous n'avons pas de projet à terminer, aucun ami à visiter, aucun livre à lire, aucun programme de télévision à regarder ni aucun disque à jouer et que nous sommes laissés tout seuls, nous sommes près de découvrir cette réalité humaine fondamentale: nous sommes seuls. Mais nous avons tellement peur de vivre ce sentiment envahissant d'isolement que nous sommes prêts à tout faire pour nous occuper et continuer le jeu qui nous fait croire que tout va bien après tout. John Lennon a dit: «Ressentez votre propre douleur», mais combien cela est pénible!

En 1973, le réseau américain de télévision éducative ETN a diffusé une série documentaire portant sur une famille de Santa Barbara, en Californie. Cette série intitulée *Une famille américaine* présentait un portrait franc et honnête de la vie quotidienne de monsieur et madame Loud et de leurs cinq enfants. Quoique les révélations au sujet de cette «famille moyenne» — entre autres le divorce des parents et l'homosexualité du fils aîné — aient scandalisé plusieurs téléspectateurs, une analyse détaillée d'un film portant sur n'importe quelle autre famille aurait probablement tout autant choqué. Le film, réalisé au su et avec le plein consentement de tous les membres de la famille, a non seulement détruit l'illusion que cette famille pouvait servir d'exemple au peuple américain, mais il a aussi démontré, par maints détails pénibles, notre tendance à fuir l'expérience de la souffrance coûte que coûte. Les questions douloureuses ont été escamotées et les situations embarrassantes, ignorées. Pat, l'épouse et la mère, a parfaitement décrit cette attitude quand elle a dit: «Je n'aime pas les choses qui me mettent mal à l'aise.» Les conséquences de ce refus de la souffrance ont été bien exprimées par son fils de dix-huit ans: «Vous voyez sept personnes isolées essayant désespérément de s'aimer l'une l'autre — mais sans succès[4].»

---

4. *Newsweek*, 15 janvier 1973. (Nous traduisons.)

Il n'est pas très difficile de s'apercevoir que la famille Loud ne fait pas exception et est, à bien des égards, une famille «moyenne» bien ordinaire dans une société de plus en plus peuplée de gens isolés tentant désespérément de s'aimer les uns les autres sans y parvenir. N'est-ce pas en grande partie dû à notre incapacité d'affronter la souffrance qu'engendre l'isolement? En fuyant cet isolement et en essayant de nous distraire avec des gens et des expériences nouvelles, nous ne pouvons pas traiter cette situation de façon réaliste. Nous courons le risque de devenir malheureux souffrant de besoins impérieux et inassouvis, des gens torturés par des attentes et des désirs jamais satisfaits. Toute créativité n'exige-t-elle pas que nous fassions face à notre isolement, et la peur de l'isolement ne limite-t-elle pas dramatiquement notre capacité de nous exprimer?

Quand je dois écrire un article et que j'ai devant moi une feuille blanche, il me faut presque m'attacher à ma chaise pour m'empêcher de consulter un autre livre avant de me décider à écrire mes propres pensées. Quand, après une pleine journée de travail, je suis seul et libre, je dois lutter contre la tentation de faire un autre téléphone, un autre tour à la boîte aux lettres, une autre visite à des amis qui vont m'amuser pendant les quelques dernières heures du jour. Et quand je pense à cette journée très chargée, je me demande si l'enseignement universitaire, avec ses conférences à élaborer, ses séminaires, ses congrès, ses exigences à fixer et à remplir, ses textes à écrire et à lire, ses examens à subir et à imposer, n'est pas en fait devenue une énorme distraction — de temps en temps amusante — qui m'empêche de faire face à ce «moi isolé» qui devrait être ma première source d'enquête et de recherche.

Le philosophe américain Henry David Thoreau, décrit fort bien les conséquences de cet étourdissement:

> Quand notre vie cesse d'être intérieure et privée, la conversation dégénère en simple commérage. Rarement rencontrons-nous un homme qui peut nous donner des nouvelles qu'il n'a pas lues dans un journal ou qui ne lui ont pas été dites par son voisin; et, en général, la seule différence entre nous et notre interlocuteur, c'est qu'il a lu le journal ou qu'il a pris le thé chez des amis, ce que nous n'avons pas fait. À mesure que notre vie intérieure s'écroule, nous allons au bureau de poste de plus en plus souvent, de plus en plus désespérément. Vous pouvez déduire sans hésitation que le pauvre diable qui part avec le plus grand nombre de lettres, fier de sa correspondance abondante, ne s'est pas mis à l'écoute de lui-même depuis longtemps[5].

Toute école, et c'est sa première tâche, devrait protéger son privilège d'offrir du temps libre — le mot latin *schola* signifie justement temps libre — pour nous permettre de mieux nous comprendre et de mieux comprendre le monde

---

5. Henry David Thoreau, *Walden and Other Writings*, New York, Modern Library, 1950 (1937), p. 723-724. (Nous traduisons.)

dans lequel nous vivons. C'est une lutte ardue que de faire en sorte que le temps libre le soit vraiment et d'empêcher l'éducation de dégénérer en une autre forme de concurrence et de rivalité.

Toutefois, le problème c'est que tout en voulant notre liberté, nous la craignons. C'est cette crainte qui nous rend si intolérants envers notre propre isolement et nous fait sauter prématurément sur de prétendues «solutions finales».

Le danger de la solution finale

Notre monde déborde de souffrance mentale. Mais nous souffrons parfois pour la mauvaise raison: nous croyons — à tort — que nous sommes appelés à nous libérer les uns les autres de notre isolement. Quand notre isolement nous arrache à nous-mêmes pour nous précipiter dans les bras de nos compagnons, nous nous lançons en fait dans des relations tourmentées, des amitiés épuisantes et des étreintes suffocantes. Il est chimérique d'espérer ménager des moments ou des lieux que n'atteint nulle souffrance, où aucune distance n'est ressentie et où toute tourmente humaine se métamorphose en paix intérieure. Aucun ami ou amant, aucun mari, aucune épouse, aucune communauté ou commune ne pourra assouvir nos besoins les plus intenses et les plus profonds d'unité et de plénitude. Et en accablant les autres de ces attentes surhumaines — dont nous sommes nous-mêmes souvent à peine conscients — nous pouvons inhiber l'expression d'une amitié et d'un amour gratuits et plutôt susciter des sentiments d'inadéquation et de faiblesse. L'amitié et l'amour ne peuvent s'épanouir si nous nous cramponnons anxieusement les uns aux autres. Au contraire, ils exigent un espace paisible et serein dans lequel nous pouvons nous rapprocher ou prendre nos distances. Si c'est notre isolement qui nous rapproche avec l'espoir qu'ensemble nous ne serons plus seuls, nous nous reprocherons mutuellement notre incapacité à répondre à nos désirs irréalistes et insatisfaits d'unité, de tranquillité intérieure et de communion perpétuelle.

Quelle tristesse de voir des gens souffrant de l'isolement et qu'afflige le manque d'affection dans le cercle familial intime chercher une solution finale à leurs souffrances auprès d'un nouvel ami, d'un nouvel amant ou d'une nouvelle communauté en entretenant des attentes «messianiques». Même si leur esprit est conscient de sa propre supercherie, leur cœur ne cesse de répéter: «Peut-être enfin ai-je trouvé ce que je cherchais consciemment ou inconsciemment?» Il est en fait à première vue étonnant que des hommes et des femmes qui ont eu des relations aussi affligeantes avec leurs parents, leurs frères ou leurs sœurs puissent se précipiter aveuglément dans des relations aux conséquences sérieuses à long terme dans l'espérance qu'à partir de maintenant tout sera différent.

Mais nous pouvons nous demander si les querelles et les conflits incessants, les accusations et les récriminations continuelles et les nombreux moments de colère exprimée et réprimée, de jalousies avouées ou inavouées, qui font si souvent partie de ces relations commencées sur un coup de tête, ne trouvent pas leurs racines dans l'illusion que l'un doit délivrer l'autre de son isolement. En fait, il semble que cette recherche de «solutions finales» soit souvent à l'origine de la violence destructrice qui s'infiltre dans nos rencontres les plus intimes. Il s'agit surtout d'une violence qui se déchaîne dans les pensées, violant notre esprit par la méfiance, le commérage intérieur et les fantasmes de vengeance. Parfois, il s'agit d'une violence verbale qui trouble la paix avec des reproches et des plaintes; parfois cette violence prend la forme dangereuse d'actions nuisibles. La violence dans les relations humaines est particulièrement destructrice à la fois parce qu'elle blesse autrui et nous enferme dans un cercle vicieux où nous demandons de plus en plus tandis que nous recevons de moins en moins.

À une époque où nous mettons l'accent sur la sensibilité interpersonnelle, où nous sommes encouragés à devenir d'habiles communicateurs et à expérimenter plusieurs formes de contact physique, mental ou émotif, nous sommes parfois tentés de croire que nos sentiments d'isolement et de tristesse sont seulement le signe d'un manque d'ouverture mutuelle. Parfois, cela se vérifie et plusieurs centres de formation à la sensibilité ont fortement contribué à élargir la gamme des interactions humaines. Mais la véritable ouverture de l'un à l'autre signifie aussi une réelle intimité, car seul celui qui peut garder un secret peut aussi partager en toute sécurité ce qu'il sait. Si nous ne protégeons pas avec grand soin notre propre mystère intérieur, nous ne serons jamais capables de vivre la communauté. C'est ce mystère intérieur qui nous attire mutuellement et nous permet de créer des liens d'amitié et de développer des relations amoureuses durables. Une relation intime entre deux personnes exige non seulement une ouverture mutuelle, mais aussi une protection respectueuse et réciproque du caractère unique de chacun.

Ensemble, mais pas trop près

Une fausse conception de l'honnêteté veut que rien ne devrait rester caché et que tout devrait être dit, exprimé et communiqué. Cette franchise peut être très dangereuse, et même si elle ne fait pas de tort, au minimum elle affadit la relation et la rend superficielle, vide et souvent assommante. Quand nous essayons de secouer notre isolement en abolissant toute frontière, nous pouvons nous enchevêtrer dans une intimité stagnante. Nous sommes appelés à protéger notre sanctuaire intérieur, non seulement pour notre propre protection, mais aussi parce que nous le devons à nos semblables avec qui nous voulons établir une communion créative. De même que les mots perdent leur pouvoir quand ils ne naissent pas du silence, l'ouverture à l'autre perd son sens quand nous ne savons pas nous fermer à l'autre. Notre monde est rempli de bavardages, de confessions faciles, de conversations creuses, de compliments vides, de louanges stériles et de confidences insipides. De nombreux magazines, qui promettent de nous livrer les détails les plus intimes et les plus secrets de la vie de célébrités, sont de véritables mines d'or. En réalité, ils nous racontent les banalités les plus assommantes et les particularités les plus affligeantes de personnes dont les vies sont déjà banalisées par un exhibitionnisme morbide.

Le mode de vie américain se méfie volontiers des attitudes de réserve. Lors de ma première visite aux États-Unis, j'ai été frappé par le style de vie «portes ouvertes». Dans les écoles, les instituts et les édifices à bureaux, chacun travaillait la porte ouverte. Je pouvais voir les secrétaires dactylographier derrière leurs machines, les enseignants enseigner derrière leurs pupitres, les administrateurs administrer derrière leurs bureaux et les lecteurs occasionnels lire derrière leurs livres. J'avais l'impression que chacun me disait: «N'hésitez pas à entrer et à m'interrompre à n'importe quel moment.» La plupart des conversations avaient la même qualité d'ouverture, me donnant l'impression que les gens n'avaient aucun secret et qu'ils étaient prêts à discuter de toute question, que ce soit de leur situation financière ou même de leur vie sexuelle.

Il s'agit évidemment de premières impressions, et les deuxièmes et troisièmes impressions révèlent rapidement qu'il y a moins d'ouverture que les apparences ne le suggèrent. Néanmoins, les portes fermées ne sont pas populaires, et il faut faire un effort particulier pour établir des frontières qui protègent le mystère de nos vies. À ce moment de l'histoire où nous sommes devenus si cruellement conscients des manifestations de notre aliénation, il est certainement difficile de détruire l'illusion qui veut que la solution finale à notre expérience de l'isolement se trouve dans le rapprochement humain. Il est facile de voir combien de mariages souffrent de cette illusion. Souvent, ils débutent avec l'espoir d'une union qui va dissiper le pénible sentiment «de n'appartenir à personne ni à rien», et ils continuent leur lutte désespérée pour atteindre une harmonie physique et psychologique parfaite. Plusieurs personnes trouvent très difficile d'apprécier une certaine réserve dans le mariage et elles ne savent pas comment établir les frontières qui permettent à l'intimité de devenir une découverte toujours renouvelée et émerveillée de chacun. Mais ce désir de frontières protectrices est évident, ces frontières qui laissent l'homme et la femme libres de ne pas s'accrocher l'un à l'autre, et leur permettent de pénétrer et quitter gracieusement leur cercle réciproque de vie. À cet égard, souvenons-nous des paroles de Khalil Gibran, qu'on cite si souvent lors des mariage:

> Chantez et dansez ensemble et soyez joyeux,
> mais demeurez chacun seul,
> De même que les cordes d'un luth sont seules
> cependant qu'elles vibrent de la même harmonie.

> Et tenez-vous ensemble, mais pas trop proches
> [non plus:
> Car les piliers du temple s'érigent à distance,

Et le chêne et le cyprès ne croissent pas
dans l'ombre l'un de l'autre[6].

Du désert au jardin

Mais alors que faire de notre esseulement fondamental qui
si souvent engendre chez nous un sentiment désespéré
d'isolement? Mais que voulons-nous dire quand nous
affirmons que ni l'amitié, ni l'amour, ni le mariage, ni la
communauté ne peuvent chasser l'isolement? Parfois, les
illusions sont plus acceptables que les réalités; pourquoi ne
pas suivre notre désir de hurler dans notre isolement et de
chercher quelqu'un que nous pourrons étreindre et dans les
bras de qui notre corps et notre esprit tendus pourront
trouver un repos profond? Du moins, nous aurons un
moment le sentiment d'être compris et acceptés. Ce sont
des questions difficiles, car elles émergent de nos cœurs
blessés, mais nous devons les écouter même quand elles
nous conduisent sur un chemin ardu. Cette route difficile
est la route de la conversion, de la conversion de l'isolement
à la solitude. Au lieu de fuir notre isolement et de tenter de
l'oublier ou de le nier, nous devons le protéger et le transformer en une solitude fructueuse. Pour vivre une vie spirituelle, nous devons tout d'abord trouver le courage de
pénétrer dans le désert de notre isolement et de le transfor-

---

6. Khalil GIBRAN, *Le prophète*, traduit par Camille Aboussouan, Tournai,
Casterman, coll. «Cahiers des Poètes catholiques», n° 13, 1966, p. 18.

mer, au prix d'efforts persistants, en un jardin de solitude. Ceci requiert non seulement du courage, mais une foi aguerrie. S'il est très difficile de croire que le désert asséché et désolé peut produire des variétés infinies de fleurs, il est aussi difficile d'imaginer que notre isolement cache une beauté inconnue. Toutefois, le mouvement de l'isolement à la solitude est le début de toute vie spirituelle, car nous passons d'un état où nos sens sont agités à un état où notre esprit est apaisé, nous passons de nos désirs projetés vers des choses ou des personnes à la recherche intérieure, du cramponnement craintif au libre jeu.

Un jeune étudiant, réfléchissant sur sa propre expérience, écrivait récemment:

> Quand l'isolement me hante avec sa possibilité d'être un seuil et non un cul-de-sac, une nouvelle création et non une tombe, un lieu de réunion et non un gouffre, alors le temps perd son emprise désespérée sur moi. Alors je n'ai plus besoin de vivre dans une frénésie d'activité, accablé et craignant de manquer une bonne occasion.

Cette affirmation n'est pas facile à croire. Souvent nous consultons des hommes et des femmes sages au sujet de nos problèmes, dans l'espoir secret qu'ils nous déchargeront de notre fardeau et nous libéreront de notre isolement. Fréquemment, le soulagement temporaire qu'ils offrent ne conduit qu'à une récurrence plus forte des mêmes souffrances lorsque nous nous retrouvons seuls. Mais parfois nous rencontrons et entendons cette personne exceptionnelle qui dit: «Ne courez pas, mais restez tranquille et silencieux. Écoutez attentivement votre propre lutte. La réponse à votre question est cachée au fond de votre cœur.»

Dans le beau livre, *Le Zen en chair et en os,* nous lisons le récit d'une telle rencontre.

> Daiju rendait un jour visite à Baso. Celui-ci lui demanda ce qu'il cherchait.
>
> — L'illumination, répondit Daiju.
>
> — Pourquoi chercher à l'extérieur? dit Baso. Tu possèdes ton propre trésor.
>
> — Où ça? demanda Daiju.
>
> — Ce que tu me demandes est précisément ton trésor, répondit Baso.
>
> Daiju fut illuminé. Dès lors, il ne cessa de dire à ses amis: «Trouvez où se cache votre trésor et faites bon usage de ces richesses[7].»

Le vrai guide spirituel est celui qui, au lieu de nous conseiller quoi faire et vers qui aller, nous offre la possibilité de rester seuls et de prendre le risque d'entrer dans notre expérience. Il nous fait voir que verser de petites gouttes d'eau sur notre terre asséchée ne sert à rien, mais que nous

---

7. Paul Reps (textes rassemblés par), *Le Zen en chair et en os. Zen Flesh, Zen Bones,* traduit de l'anglais par Claude Mallerin et Pierre-André Dujat, Plazac-Rouffignac, Éditions Arista, 1988, p. 45.

trouverons un puits d'eau vive, si nous creusons sous la surface de nos jérémiades.

Un ami écrivait un jour: «Apprendre à pleurer, apprendre à prier la nuit, apprendre à attendre l'aube, peut-être est-ce cela être humain.» Il est difficile de vraiment croire cela, parce que, constamment, nous nous surprenons à nous accrocher aux gens, aux livres, aux événements, aux projets et aux plans, espérant secrètement que cette fois ce sera différent. Nous essayons plusieurs sortes d'anesthésiques, nous découvrons que l'«engourdissement psychique» est souvent plus agréable que l'affinement de nos sensibilités intimes. Mais... nous pouvons au moins nous rappeler notre propre supercherie et quelquefois confesser notre prédilection morbide pour les culs-de-sac.

Par contre, les quelques fois où nous obéissons à nos maîtres et écoutons attentivement nos cœurs agités, nous pouvons commencer à ressentir qu'au cœur de notre tristesse se trouve la joie, qu'au cœur de nos craintes se trouve la paix, qu'au cœur de notre cupidité se trouve la possibilité de la compassion et qu'en fait, au cœur de notre isolement lancinant se trouvent les débuts de la solitude paisible.

CHAPITRE 2

Une solitude accueillante

Solitude du cœur

Le mot «solitude» peut induire en erreur. Il suggère: être tout seul dans un lieu isolé. Quand nous pensons à des solitaires, nou songeons volontiers à des moines ou des ermites qui vivent dans des lieux reculés, protégés du bruit du monde affairé. De fait, les mots «solitude» et «solitaire» sont dérivés du mot latin *solus*, signifiant seul, et à travers les âges, des hommes et des femmes qui voulaient vivre une vie spirituelle se sont retirés dans des lieux éloignés — déserts, montagnes ou forêts profondes — pour mener une existence recluse.

Il est probablement difficile, sinon impossible, de passer de l'isolement à la solitude sans se retirer, d'une façon ou d'une autre, de ce monde envahissant. On comprend donc pourquoi les personnes qui désirent sérieusement développer leur vie spirituelle sont attirées par des lieux et des situations où elles peuvent être seules, pour un temps limité ou de façon plus ou moins permanente. Mais seule la solitude du cœur compte réellement; c'est une qualité ou une attitude qui ne dépend pas de l'isolement physique. À l'occasion, un tel isolement est nécessaire pour approfondir la solitude du cœur, mais il serait attristant pour nous que cet élément essentiel de la vie spirituelle soit le privilège des seuls moines et ermites. Il est capital de souligner que la solitude est une faculté qui peut naître et croître au cœur même d'une grande ville, au milieu d'une foule considérable, dans le cadre d'une existence très active et féconde. Un homme ou une femme qui a développé cette solitude du cœur ne se laisse pas tirailler par les stimuli les plus divergents du monde environnant, mais peut percevoir et comprendre ce monde à partir d'un centre intérieur paisible.

En portant attention aux faits de la vie quotidienne, nous pouvons discerner la différence entre la présence dans l'isolement et la présence dans la solitude. Quand vous êtes seul dans un bureau, une maison ou une salle d'attente vide, vous pouvez souffrir d'un isolement agité, mais aussi jouir d'une solitude paisible. Quand vous enseignez ou écoutez une conférence, quand vous regardez un film ou bavardez à l'heure du cocktail, vous pouvez ressentir un sentiment pénible d'isolement, mais aussi le contentement profond de quelqu'un qui parle, écoute et observe depuis le centre tranquille de sa solitude. Il n'est guère difficile de distinguer, dans notre environnement, entre l'agitation et la tranquillité, entre la compulsion et la liberté, entre l'isolement et la solitude. Quand nous vivons la solitude du cœur, nous pouvons prêter une oreille attentive aux propos et à l'univers des autres, mais quand l'isolement nous pousse, nous avons tendance à ne sélectionner que les remarques et les événements qui répondent à nos désirs les plus tyranniques.

Toutefois, notre monde n'est pas divisé entre ceux qui vivent l'isolement et ceux qui vivent la solitude. Nous oscillons constamment entre ces deux pôles et sommes différents d'heure en heure, de jour en jour, de semaine en semaine, d'année en année. Nous devons avouer que nous avons une influence très limitée sur ces fluctuations. Trop de facteurs connus et inconnus jouent un rôle dans l'équilibre de notre vie intime. Mais quand nous pouvons reconnaître les pôles entre lesquels nous évoluons et que nous devenons sensibles à cet état intérieur de tension, nous ne nous sentons plus perdus et pouvons commencer à discerner la direction que nous voulons prendre.

Le début de la vie spirituelle

Le développement de cette sensibilité intérieure est le début de la vie spirituelle. Il semble que l'accent mis sur la sensibilité interpersonnelle nous a parfois fait négliger la sensibilité qui nous aide à écouter nos voix intérieures. Parfois, nous nous demandons si la raison pour laquelle tant de personnes sollicitent soutien, avis et conseils ce n'est pas en grande partie parce qu'elles ont perdu contact avec leur moi le plus intime. Elles demandent: Devrais-je aller à l'école ou chercher un emploi? devrais-je devenir médecin ou avocat? devrais-je me marier ou rester célibataire? devrais-je quitter mon emploi ou rester où je suis? devrais-je entrer dans les forces armées ou refuser d'aller à la guerre? devrais-je obéir à mon supérieur ou suivre mon inclination? devrais-je vivre modestement ou gagner plus d'argent pour payer des études coûteuses à mes enfants? L'univers ne contient pas assez de conseillers pour servir de guides dans l'analyse de tous ces problèmes fondamentaux, et parfois nous avons l'impression que la moitié de la population mondiale demande conseil à l'autre moitié, alors qu'elles croupissent toutes les deux dans la même obscurité.

Par ailleurs, quand notre insécurité ne nous entraîne pas à solliciter l'aide des autres, combien de fois, sous prétexte d'autodéfense, ne nous entraîne-t-elle pas à les attaquer? Parfois, il semble que le commérage et les condamnations parfois violentes de leurs modes de vie sont plus un signe de nos propres doutes que de nos convictions profondes.

Peut-être que le conseil le plus important à donner à toutes ces personnes en quête de réponses est celui que Rainer Maria Rilke donna au jeune homme qui lui demandait s'il devait devenir un poète. Rilke écrit:

Vous demandez si vos vers sont bons. Vous me le demandez à moi. Vous l'avez déjà demandé à d'autres. Vous les envoyez aux revues. Vous les comparez à d'autres poèmes et vous vous alarmez quand certaines rédactions écartent vos essais poétiques. Désormais [...], je vous prie de renoncer à tout cela. Votre regard est tourné vers le dehors; c'est cela surtout que maintenant vous ne devez plus faire. Personne ne peut vous apporter conseil ou aide, personne. Il n'est qu'un seul chemin. Entrez en vous-même, cherchez le besoin qui vous fait écrire: examinez s'il pousse ses racines au plus profond de votre cœur. Confessez-vous à vous-même: mourriez-vous s'il vous était défendu d'écrire? Ceci surtout: demandez-vous à l'heure la plus silencieuse de votre nuit: «Suis-je vraiment conscient d'écrire?» Creusez en vous-même vers la plus profonde réponse. Si cette réponse est affirmative, si vous pouvez faire front à une aussi grave question par un fort et simple: «Je dois», alors construisez votre vie selon cette nécessité. Votre vie, jusque dans son heure la plus indifférente, la plus vide, doit devenir signe et témoin d'une telle poussée[8].

---

8. Rainer-Maria RILKE, *Lettres à un jeune poète,* traduit de l'allemand par Bernard Grasset et Rainer Biemel, Paris, Grasset, coll. «Les cahiers rouges», n° 24, 1984, p. 17-18.

Vivre la question

En convertissant lentement notre isolement en solitude profonde, nous créons ce lieu précieux où nous pouvons découvrir la voix qui nous parle de cette nécessité intérieure — à savoir, notre vocation. Si nos questions, nos inquiétudes et nos problèmes ne sont pas vérifiés et mûris dans la solitude, il n'est pas réaliste d'espérer trouver nos propres réponses. Combien de personnes peuvent affirmer que leurs idées, leurs opinions et leurs points de vue sont les leurs? Parfois, dans les soi-disant discussions, on se borne à citer la bonne autorité au bon moment. Même les interrogations les plus intimes, comme celles sur le sens et la valeur de la vie et de la mort, n'échappent pas aux modes. Nous cherchons fréquemment avec fébrilité des réponses, allant de porte en porte, de livre en livre, d'école en école, sans avoir réellement porté attention aux questions. Rilke dit au jeune poète:

> Je voudrais vous prier, autant que je sais le faire, d'être patient en face de tout ce qui n'est pas résolu dans votre cœur. Efforcez-vous d'aimer *vos questions elles-mêmes* [...]. Ne cherchez pas pour le moment des réponses qui ne peuvent vous être apportées, parce que vous ne sauriez pas les mettre en pratique, les «vivre». Et il s'agit précisément de tout vivre. Ne vivez pour l'instant que vos questions. Peut-être, simplement en les vivant, finirez-vous par entrer insensiblement, un jour, dans les réponses. [...] Confiez-vous à ce qui

vient. Quand ce qui vient sort d'un appel de votre être, d'une indigence quelconque, prenez-le à votre compte, ne le haïssez pas[9].

C'est une tâche très exigeante, parce que notre entourage nous arrache constamment à notre moi le plus intime et nous encourage à trouver des réponses au lieu d'écouter les questions. Une personne isolée n'a ni temps ni repos intérieur pour s'arrêter et écouter. Elle veut des réponses et elle les veut ici et maintenant. Mais dans la solitude, nous pouvons porter attention à notre moi intime. Cette attitude n'a rien à voir avec l'égocentrisme ou l'introspection malsaine parce que, selon Rilke, «vos événements intérieurs méritent tout votre amour[10]». Dans la solitude, nous pouvons devenir présents à nous-mêmes. Nous pouvons y vivre, selon l'essayiste américaine Anne Morrow Lindbergh, «l'existence limitée au présent. [...] C'est une vie d'enfant ou de saint[11].» Dans la solitude, «chaque journée, chaque action est elle-même une île, lavée par le temps et l'espace. Et les gens, eux aussi, deviennent semblables à des îles[12].» Nous pouvons aussi y devenir présents aux autres en allant vers eux, non pas affamés d'attention et d'affection, mais en

---

9. *Ibid.*, p. 42-44.

10. *Ibid.*, p. 63.

11. Anne MORROW LINDBERGH, *Solitude face à la mer*, traduit de l'américain par Nicole Bogliolo et Georges Roditi, Paris/Montréal, Les Presses de la Cité, 1968, p. 57.

12. *Ibid.*, p. 57-58.

nous offrant à créer avec autrui une communauté d'amour. La solitude ne nous arrache pas à nos sœurs et frères humains, mais au contraire rend possible une réelle camaraderie. Peu de gens ont su exprimer ceci en des termes plus éloquents que le moine trappiste Thomas Merton, qui vécut en ermite les dernières années de son existence mais dont la solitude contemplative le mit en contact très intime avec les autres. Le 12 janvier 1950, il écrivait dans son journal :

> C'est dans une solitude profonde que je trouve la patiente douceur qui doit marquer l'amour que je porte à mes frères. Plus je suis seul, plus j'ai d'affection pour eux. La solitude et le silence m'enseignent à aimer mes frères pour ce qu'ils sont, non pour ce qu'ils disent[13].

Comme sa vie gagnait en maturité spirituelle, Merton en vint à voir, avec une clarté pénétrante, que la solitude ne le séparait pas de ses contemporains, mais le mettait plutôt en communion profonde avec eux. Cette intuition, Thomas Merton en éprouve lui-même la force, et cela devient évident à la lecture du passage émouvant écrit après une courte visite à Louisville, où il avait regardé les gens défiler dans un quartier commercial très achalandé. Il écrit :

---

13. Thomas MERTON, *Le signe de Jonas*, traduit de l'américain par Marie Tadié, Paris, Albin Michel, 1955, p. 277.

Bien qu'en dehors du monde, nous [les moines] sommes dans le même univers que les autres, celui de la bombe atomique, de la haine raciale, de la technologie, de la publicité, des grosses affaires, de la révolution et du reste. Notre attitude envers toutes ces choses est différente, parce que nous appartenons à Dieu. Mais tous les autres aussi. [...]

Cette impression d'être délivré d'une différence illusoire me fut un tel soulagement et une telle joie que j'éclatai presque de rire tout haut. Je suppose que mon bonheur aurait pu s'exprimer ainsi: «Dieu merci, Dieu merci, je suis comme les autres, je ne suis qu'un homme parmi d'autres...» [...]

C'est un destin glorieux que d'être membre de la race humaine, bien qu'elle soit amenée à commettre bien des absurdités et de terribles erreurs: cependant, en dépit de tout cela, Dieu Lui-même a été fier d'en faire partie. Appartenir à la race humaine! Penser qu'une idée si banale ressemble tout à coup à la nouvelle que nous avons le billet qui gagne le sweepstake cosmique.

J'ai l'immense joie d'être un *homme*, membre d'une race dans laquelle Dieu Lui-même S'est incarné. Comme si les souffrances et les stupidités de la condition humaine pouvaient m'écraser, je comprends maintenant ce que nous sommes tous. Si seulement les hommes pouvaient le percevoir! Mais c'est impossible à exprimer. Il n'y a pas moyen d'expliquer aux gens qu'ils se déplacent radieux comme le soleil!

51

Ceci ne change rien à la signification ou à la valeur de ma solitude, car c'est, en fait, le rôle de la solitude de faire sentir ces choses avec une netteté inconcevable pour ceux qui sont complètement plongés dans les autres préoccupations, les autres illusions et tous les automatismes d'une existence étroitement collective. Ma solitude, d'ailleurs, ne m'appartient pas, car je vois maintenant à quel point elle appartient aux autres: j'en ai la responsabilité vis-à-vis d'eux, non seulement vis-à-vis de moi-même. C'est parce que je suis avec eux que je leur dois d'être seul, et quand je suis seul, ils ne sont pas «eux» mais moi-même. Ce ne sont pas des étrangers[14]!

Sa propre expérience apprit à Merton que la solitude non seulement approfondit notre affection pour les autres, mais est aussi le lieu où une communauté véritable devient possible. Même si Merton vécut comme moine, d'abord dans une communauté monastique puis plus tard dans un ermitage, ce texte et ses autres écrits nous révèlent que la solitude physique ne compte pas vraiment à ses yeux: seule compte la solitude du cœur.

Sans la solitude du cœur, l'intimité de l'amitié, du mariage et de la vie communautaire ne peut être créatrice. Sans la solitude du cœur, nos relations avec les autres deviennent facilement exigeantes et voraces, collantes et

---

14. Thomas MERTON, *Réflexions d'un spectateur coupable*, traduit de l'américain par Marie Tadié, Paris, Albin Michel, 1970, p. 178-179.

importunes, dépendantes et sentimentales, profiteuses et parasitaires, parce que, sans la solitude du cœur, nous ne pouvons percevoir les autres comme autonomes et différents de nous, mais seulement comme des êtres dont nous pouvons nous servir pour répondre à nos propres besoins, souvent cachés.

L'amour, et c'est là son mystère, protège et respecte la singularité de l'autre et crée le lieu sans contraintes où il peut convertir son isolement en une solitude qui peut se partager. Dans cette solitude, nous nous renforçons les uns les autres par une considération mutuelle, par l'attention portée à l'individualité de chacun, par une distance qui respecte l'intimité de chacun et par une compréhension, pleine de vénération, pour le caractère sacré du cœur humain. Dans cette solitude, nous nous encourageons mutuellement à entrer dans le silence de notre être le plus intime et à y découvrir la voix qui nous appelle à dépasser les limites du rapprochement humain pour nous rejoindre dans une nouvelle communion. Dans cette solitude, nous pouvons prendre lentement conscience de la présence de celui qui étreint amis et amants et nous offre la liberté de nous aimer l'un l'autre, parce qu'il nous a aimés le premier (voir *1 Jn* 4,19).

Une terre sacrée

Tout ceci peut paraître marqué au coin d'un nouveau romantisme, mais nos propres expériences et observations nous en ont montré tout le réalisme. Souvent, nous devons avouer que notre sentiment d'isolement est plus fort que notre solitude, et que notre discours sur la solitude naît du silence douloureux de l'isolement. Mais il y a ces moments merveilleux de connaissance immédiate qui confirment nos espoirs et nous encouragent dans la recherche de cette solitude profonde où nous pouvons sentir une unité intérieure et vivre en union avec nos semblables et notre Dieu. Je me souviens, comme si c'était hier, du jour où un homme qui avait suivi un de mes cours revint me voir et, entrant dans mon bureau, me dit sur un ton désarmant: «Cette fois-ci, je n'ai pas de problèmes, pas de questions à vous poser. Je n'ai besoin ni de conseils ni d'avis, mais je veux seulement passer un moment de célébration avec vous.» Nous nous sommes assis par terre, face à face, nous avons parlé un peu de notre vie au cours de la dernière année, de notre travail, de nos amis communs et de l'agitation de nos cœurs. Puis lentement, comme les minutes passaient, nous sommes devenus silencieux. Ce n'était pas un silence embarrassé, mais un silence qui pouvait nous rapprocher plus que les petits et grands événements de la dernière année. Nous entendions quelques automobiles passer et le bruit de quelqu'un qui vidait une poubelle quelque part. Mais cela ne nous dérangeait pas. Le silence qui grandissait entre nous était chaleureux, doux et vibrant. De temps en temps, nous nous regardions avec l'ébauche d'un sourire qui chassait les derniers reliquats de peur et de méfiance. Il semblait que, plus le silence s'approfondissait autour de nous, plus nous prenions conscience d'une présence qui nous englobait tous les deux. Il dit alors: «C'est bon d'être ici», et je répondis: «C'est bon d'être ensemble, encore une fois», et après cet échange, nous sommes restés silencieux un long moment. Comme une paix profonde remplissait l'espace vide entre nous, il dit sur un ton hésitant: «Quand je vous regarde, c'est comme si j'étais en présence du Christ.» Je n'ai pas été saisi ni surpris; je n'ai pas senti le besoin de protester, mais je pouvais seulement dire: «C'est le Christ en vous qui reconnaît le Christ en moi.» «Oui, dit-il, Il est en effet avec nous», et il ajouta ces mots qui réconfortèrent mon âme plus qu'elle ne l'avait été, toutes ces dernières années: «À partir d'aujourd'hui, où que vous alliez, où que j'aille moi-même, tout cet espace entre nous sera une terre sacrée.» Et quand il partit, je compris qu'il m'avait révélé ce que signifie vraiment une communauté.

La communauté comme qualité intérieure

Cette expérience explique ce que Rainer Maria Rilke voulait dire quand il écrivit: «L'amour [...] sera cet amour: deux solitudes se protégeant, se complétant, se limitant et s'inclinant l'une devant l'autre[15].» Cette expérience explique aussi à quoi Anne Morrow Lindbergh faisait allusion quand elle nota: «Il me semble que nous sommes tous des îles dans

---

15. Rainer-Maria Rilke, *op. cit.*, p. 83-84.

une mer commune[16].» Cela me fit comprendre que le rapprochement des amis et des amants peut donner lieu à des moments de solitude partagée qui ne connaît aucune restriction ni de temps, ni de lieu. Combien de fois rêvonsnous d'être avec nos amis, sans nous apercevoir que nous recherchons ce qu'aucune rencontre réelle entre amis ne pourra jamais nous permettre d'atteindre? Mais lentement, nous prenons conscience qu'il est possible de transformer ces rencontres humaines en moments privilégiés, permettant à notre solitude de croître, de se déployer pour embrasser de plus en plus de personnes dans la communauté de notre vie. Il est en effet possible, pour tous ceux avec lesquels nous avons vécu longtemps ou seulement un moment, de devenir membres de cette communauté puisque, par leur rencontre dans l'amour, tout cet espace entre eux et nous est devenu une terre sacrée. Même ceux qui partent peuvent rester dans la solitude hospitalière de notre cœur. L'amitié est un des dons les plus précieux de l'existence, mais la proximité physique peut aussi bien la faciliter qu'en empêcher la pleine éclosion.

Quelques fois dans ma vie, j'ai eu l'étrange sensation d'être plus près de mes amis en leur absence qu'en leur présence. Quand ils étaient partis, j'éprouvais un désir très fort de les revoir, mais je ne pouvais éviter une certaine déception, quand la rencontre avait lieu. Notre présence physique nous empêchait d'avoir une rencontre fructueuse,

---

16. Anne MORROW LINDBERGH, *op. cit.*, p. 58.

comme si nous devinions que nous ne pouvions exprimer tout ce que nous étions l'un pour l'autre, comme si nos personnalités individuelles et concrètes devenaient un mur derrière lequel nous cachions notre moi le plus personnel et le plus intime. La distance créée par une absence temporaire m'a permis de voir au-delà de leurs personnalités et m'a révélé leur grandeur et leur beauté sur lesquelles s'était édifié notre amour.

Khalil Gibran écrivit:

Lorsque vous vous séparez de votre ami, vous ne vous affligez pas; car ce que vous aimez le plus en lui peut être clair en son absence, de même que pour l'ascensionniste la montagne est plus nette vue de la plaine[17].

Vivre ensemble avec des amis est une joie exceptionnelle, mais nos vies seront sans joie si cela devient le but de nos efforts. Avoir une équipe harmonieuse travaillant dans une unité de cœur et d'esprit est un don du ciel, mais si le sentiment de notre propre valeur en dépend, nous sommes de tristes personnages. Il est agréable de recevoir des lettres de nos amis, mais nous devrions être capables de vivre heureux sans elles. Les visites sont de précieux cadeaux, mais sans elles, nous devrions résister à la tentation de sombrer dans la mauvaise humeur. Les appels téléphoniques «juste pour dire bonjour» peuvent nous remplir de gratitude, mais

---

17. Khalil GIBRAN, *op. cit.*, p. 58-59.

quand nous les attendons pour qu'ils endorment notre peur d'être laissés seuls, nous devenons les victimes complaisantes de nos propres récriminations. Nous sommes toujours à la recherche d'une communauté qui puisse nous offrir un sentiment d'appartenance, mais il est important de comprendre qu'être ensemble dans un lieu, une maison, une ville ou un pays est secondaire pour la réalisation de ce désir légitime.

L'amitié et la communauté sont, en tout premier lieu, des qualités intérieures qui permettent au rapprochement humain d'être l'expression joyeuse d'une réalité plus vaste. Elles ne peuvent jamais être revendiquées, planifiées ou organisées, mais dans notre moi le plus intime, nous pouvons créer le lieu où ces qualités peuvent être reçues comme des cadeaux.

Ce sentiment intime d'amitié et de communauté nous libère pour vivre une existence «de ce monde», même dans la réclusion d'une seule pièce, puisque personne ne devrait être exclu de notre solitude. Mais cela nous permet aussi de voyager, presque sans bagages, sur de longues distances, car l'espace entre les personnes est devenu une terre sacrée pour ceux qui partagent leur solitude sans crainte.

Ainsi, notre isolement peut se transformer en solitude. Il y a des jours, des semaines voire des mois et des années où nous sommes à ce point accablés par notre sentiment d'isolement que nous avons peine à croire que la solitude du cœur pointe à l'horizon. Mais une fois que nous avons compris ce que cette solitude peut signifier, nous ne cessons jamais de la chercher. Une fois que nous avons goûté à cette solitude, une nouvelle vie devient possible, où nous nous détachons des faux liens et où nous nous attachons à Dieu et les uns aux autres d'une façon étonnamment nouvelle.

CHAPITRE 3

Une réponse créatrice

Un style de vie réactif

Le passage de l'isolement à la solitude n'est pas un mouvement de retrait croissant mais plutôt un mouvement d'engagement plus profond devant les problèmes brûlants de notre temps. Ce passage rend possible une lente transformation de nos réactions de peur en réponse aimante.

Tant que nous fuyons l'isolement, nous sommes constamment à la recherche de distractions, poussés par un besoin toujours insatisfait d'être stimulés et occupés. Nous devenons les jouets passifs d'un monde qui requiert notre attention comme une idole. Nous sommes prisonniers d'une succession d'événements mouvants qui provoquent de subits changements d'humeur, des caprices imprévisibles et parfois même des réactions de violence et de rancune. Notre vie se réduit alors à une chaîne de spasmes d'actions et de réactions souvent destructeurs, nous arrachant à notre moi intérieur.

Il n'est pas difficile de saisir combien nous sommes devenus «réactifs», en ce sens que nos vies ne sont plus qu'une série de réactions agitées et souvent angoissées à tous les stimuli de notre environnement. Nous sommes souvent très, très occupés, et donc habituellement très fatigués. Mais ne faudrait-il pas nous demander si tant de lectures et de conversations, tant de visites et de plaidoyers, tant de conférences et d'écrits ne sont pas davantage des réactions impulsives devant les exigences changeantes de notre milieu de vie que des actions réfléchies qui surgissent du centre de nous-mêmes? Nous n'arriverons sans doute jamais à une action qui ne soit pas réaction à quelque chose, et serait-il réaliste ou même équilibré de poursuivre ce but? Mais il importe de savoir, par expérience, ce qui distingue une action provoquée par un changement dans le milieu et une action qui a mûri dans notre cœur après que nous avons écouté attentivement le monde où nous vivons. Le passage de l'isolement à la solitude devrait nous conduire graduellement d'une réaction angoissée à une réponse aimante. L'isolement cause des réactions vives, souvent agitées, qui nous rendent dépendants de notre monde toujours en mouvement. Mais dans la solitude du cœur, nous pouvons prêter attention aux événements du moment, de la semaine, de l'année, et tout doucement nous «formulons» une réponse.

La vigilance dans la solitude

Il n'y a pas très longtemps, un prêtre me dit qu'il avait annulé son abonnement au *New York Times*, car il croyait que les reportages interminables sur la guerre, le crime, les jeux de pouvoir et la manipulation politique ne faisaient que troubler son esprit et son cœur et l'empêchaient de méditer et de prier.

C'est une histoire triste, car elle laisse entendre que c'est seulement en renonçant au monde que nous pouvons y vivre et que c'est seulement en nous entourant d'une quiétude artificiellement créée que nous pourrons vivre une vie spirituelle. Une véritable vie spirituelle a un impact tout à fait opposé: elle nous rend à ce point vigilants et conscients du monde qui nous entoure que tout ce qui existe et se produit devient un élément de notre contemplation et de notre méditation, et nous invite à une réponse joyeuse et dépourvue de crainte.

Cette vigilance dans la solitude peut en effet changer notre vie. La façon dont nous considérons et apprivoisons notre propre histoire, celle par laquelle l'univers nous parle, fait toute la différence.

Quand je considère les vingt dernières années, je me trouve dans une situation et dans un lieu auxquels je n'avais pas même rêvé quand, le jour de mon ordination, accompagné de vingt-huit camarades d'étude, je me prosternai sur le sol d'une cathédrale hollandaise. J'avais à peine entendu parler de Martin Luther King et des problèmes raciaux et je ne connaissais pas les noms de John F. Kennedy et de Dag Hammarskjöld. J'avais vu le gros et vieux cardinal Roncalli, lors d'un pèlerinage à Padoue, et je voyais en lui un exemple de décadence cléricale. J'avais lu des livres bizarres sur les intrigues politiques au Kremlin et j'étais heureux de savoir que de telles choses ne pouvaient se produire dans le monde libre. J'avais entendu parler plus que je ne pouvais le supporter des camps de concentration juifs, mais je considérais qu'ils appartenaient au monde de la génération précédente et étaient incompatibles avec la mienne. Et aujourd'hui, seulement quelques années plus tard, mon esprit et mon cœur sont pleins de souvenirs et de faits qui ont fait de moi une personne assez différente de celle que je m'attendais à devenir. Aujourd'hui, alors que je peux voir la fin de mon cycle de vie aussi bien que ses débuts, je comprends que je n'ai qu'une vie à vivre et qu'elle couvrira une période de l'histoire dont je suis non seulement une partie, mais que j'ai aussi contribué à façonner. Aujourd'hui, je comprends que je ne peux pas expliquer pourquoi ma vie a été différente de ce que j'avais prévu en pointant du doigt Dallas, le Viet-Nam, My Lai et Watergate, mais que je dois chercher les racines de ces noms au centre de ma propre solitude.

Dans notre solitude, notre histoire ne peut plus rester un patchwork d'incidents et d'accidents disjoints, mais elle doit nous rappeler constamment que notre esprit et notre cœur doivent se transformer. C'est alors que nous pouvons briser la chaîne fatale des causes et des effets et écouter intérieurement la signification profonde des événements de la vie quotidienne. Le monde n'apparaît plus diabolique, nous divisant en deux groupes, «pour» et «contre», mais il devient symbolique, nous demandant d'unir et de réunir les événements externes et les événements internes. Alors, l'assassinat d'un président, le lancement réussi d'une fusée vers la lune, la destruction de villes par un bombardement cruel et la désintégration d'un gouvernement assoiffé de pouvoir, tout comme les nombreuses déceptions et souffrances personnelles, ne peuvent plus être considérés comme des péripéties inévitables de notre vie, mais doivent devenir des invitations urgentes à s'engager personnellement.

Des interruptions qui nous façonnent

Alors que je visitais l'université de Notre-Dame, où j'avais enseigné pendant quelques années, j'ai rencontré un vieux professeur, très expérimenté, qui y avait passé la majeure partie de sa vie. Et alors que nous nous promenions sur ce beau campus, il dit avec une certaine mélancolie dans la voix: «Vous savez, toute ma vie je me suis plaint d'avoir été constamment interrompu dans mon travail, jusqu'à ce que je découvre que ces interruptions étaient mon travail.»

Ne considérons-nous pas souvent les nombreux événements de nos vies comme de grandes ou petites interruptions dans plusieurs de nos plans, de nos projets ou desseins de vie? N'entendons-nous pas une protestation intérieure quand un étudiant interrompt notre lecture; que le mauvais temps gâte notre été; que la maladie interrompt nos plans bien organisés; que la mort d'un ami trouble notre paix d'esprit; qu'une guerre cruelle ébranle nos convictions sur la bonté de l'homme; et que les nombreuses réalités brutales de la vie détruisent nos plus beaux rêves? Et cette suite interminable d'interruptions ne remplit-elle pas notre cœur de sentiments de colère, de frustration et même de vengeance, à tel point que parfois nous entrevoyons la possibilité que vieillir soit synonyme de devenir amer?

Mais si ces interruptions étaient en fait de bonnes occasions, si elles étaient des appels à une réponse intérieure qui nous font croître et atteindre la plénitude de notre être? Et si les événements de notre histoire nous modelaient comme un sculpteur modèle sa glaise, et si c'est seulement en obéissant respectueusement à l'impulsion de ces mains que nous pouvions découvrir notre réelle vocation et atteindre la maturité? Et si toutes ces interruptions imprévues étaient en fait des invitations à abandonner des styles de vie vieillots et dépassés et nous ouvraient de nouveaux champs d'expérience inexplorés? Et enfin, si notre histoire, loin de s'avérer une séquence impersonnelle et aveugle d'événements sur lesquels nous n'avons aucun contrôle, nous révélait plutôt une main nous guidant vers une rencontre personnelle qui réalisera pleinement nos espoirs et nos aspirations?

Notre vie serait en effet différente, car alors le destin deviendrait une occasion, les blessures un avertissement et la paralysie une invitation à chercher des sources plus profondes de vitalité. Alors, nous pourrions chercher l'espérance au cœur même de nos cités en pleurs, de nos hôpitaux en flammes et chez les parents et les enfants désespérés. Alors, nous pourrions rejeter la tentation du désespoir et parler de l'arbre fertile en même temps que nous serions témoins de la mort de la graine. Alors, nous pourrions définitivement nous échapper de la prison d'une série anonyme d'événements et écouter plutôt le Dieu de l'histoire s'adressant à nous au cœur de notre solitude, et répondre à son appel toujours nouveau à la conversion.

Un cœur contrit

Comme il est tragique de voir que le sentiment religieux de l'Occident s'est individualisé au point que des concepts tels celui de cœur contrit en sont réduits à des expériences personnelles de culpabilité et à la disposition à faire pénitence. La prise de conscience de notre impureté en pensées, en paroles et en actions peut en effet nous mettre dans un état de remords et susciter en nous l'espérance d'un geste de pardon. Mais si les événements catastrophiques de notre temps — les guerres, les génocides, la violence effrénée, les prisons surpeuplées, les salles de torture, la faim et la maladie de millions de gens et la misère innommable d'une part importante de la race humaine — sont laissés prudemment à l'extérieur de la solitude de nos cœurs, notre contrition n'est qu'une émotion pieuse, sans plus.

Le journal d'aujourd'hui, qui rapporte ce qui suit, montre une photo de trois soldats portugais: deux d'entre eux maintiennent écartés les bras d'un prisonnier nu alors que le troisième lui tranche la tête. Le même journal rapporte qu'un policier de Dallas a tué, alors qu'il l'interrogeait dans sa voiture de patrouille, un adolescent de douze ans à qui il avait passé les menottes, l'a tué; et qu'un Jumbo Jet 747 japonais, comptant 122 passagers à son bord, a été victime de pirates de l'air et conduit à une destination inconnue. On y lit aussi que l'aviation américaine a déversé sur le Cambodge des bombes pour une valeur de 145 millions de dollars, alors que le président américain déclarait publiquement que la neutralité de ce pays était pleinement respectée. Le journal donne aussi une description horrible des techniques de torture électrique utilisées en Grèce et en Turquie. Toutes ces «nouvelles» sont reléguées au second plan, alors que les manchettes parlent de l'affaire Watergate, d'effractions, de mensonges et de l'utilisation d'énormes sommes d'argent par les membres les plus importants de l'administration, un événement décrit comme la plus grande tragédie de l'histoire des États-Unis d'Amérique. Et le journal d'aujourd'hui n'est guère différent de celui d'hier et ne se différencie probablement pas beaucoup de celui de demain.

Ces faits ne devraient-ils pas briser nos cœurs et nous forcer à courber nos têtes sous une douleur sans fin? Ne devraient-ils pas rapprocher tous les êtres humains qui croient que la vie vaut la peine d'être vécue pour qu'ensemble ils fassent acte de contrition et de pénitence publique? Ne devraient-ils pas nous amener à confesser que nous, comme peuple, avons péché et avons besoin de pardon et de guérison? Ne devraient-ils pas être suffisants pour nous forcer à briser nos pieuses coquilles individuelles et à ouvrir nos bras, en disant ces mots?

> Des profondeurs je t'appelle, Seigneur:
> Seigneur, entends ma voix;
> que tes oreilles soient attentives
> à ma voix suppliante!
>
> Si tu retiens les fautes, Seigneur!
> Seigneur, qui subsistera?
> Mais tu disposes du pardon
> et l'on te craindra.
>
> J'attends le Seigneur,
> j'attends de toute mon âme
> et j'espère en sa parole.
>
> Mon âme désire le Seigneur,
> plus que la garde ne désire le matin,
> plus que la garde le matin.
>
> Israël, mets ton espoir dans le Seigneur,
> car le Seigneur dispose de la grâce
> et, avec largesse, du rachat.
> C'est lui qui rachète Israël
> de toutes ses fautes.
>
> (*Ps* 130)

Le fardeau de la réalité

Pouvons-nous porter le fardeau de la réalité? Comment pouvons-nous rester réceptifs à toutes les tragédies humaines et conscients du vaste océan de la souffrance humaine sans devenir mentalement paralysés et déprimés? Comment pouvons-nous vivre une vie saine et créatrice, quand on nous rappelle constamment le sort de millions de personnes pauvres, malades, affamées et persécutées? Comment pouvons-nous même sourire quand nous sommes continuellement confrontés à des photos de tortures et d'exécutions?

Je ne connais pas la réponse à ces questions. Il se trouve des gens parmi nous qui ont permis à la souffrance du monde d'entrer si profondément dans leur cœur qu'aujourd'hui leur vocation est de nous rappeler constamment, la plupart du temps contre notre volonté, les péchés de ce monde. Il y a même quelques saints qui se sont si bien identifiés à la condition humaine et à la misère de leurs compagnons humains qu'ils refusent le bonheur pour eux-mêmes tant que des gens souffriront en ce monde. Même s'ils nous irritent et même si nous aimerions les écarter en les appelant masochistes ou prophètes de malheur, ils nous rappellent qu'aucune guérison durable n'est possible sans solidarité de cœur. Ces quelques «extrémistes» ou «fanatiques» nous forcent à nous demander combien de mascarades nous jouons et combien de murs nous érigeons pour éviter de connaître et de ressentir le fardeau de la solidarité humaine.

Peut-être, pour le moment, devons-nous accepter les multiples fluctuations entre savoir et ne pas savoir, voir et ne pas voir, ressentir et ne pas ressentir, entre les jours où le monde entier nous paraît un jardin de roses et les jours où nos cœurs semblent attachés à une meule de moulin, entre des moments de joie extatique et des moments de sombre dépression, entre l'humble aveu que le journal contient plus d'horreurs que nos âmes ne peuvent en porter et la prise de conscience que c'est seulement en affrontant la réalité de notre monde que nous pouvons graduellement assumer notre propre responsabilité. Peut-être devons-nous être tolérants face à nos fuites et nos négations, convaincus que nous ne pouvons pas nous contraindre à affronter ce que nous ne sommes pas prêts à assumer, mais espérant posséder, un jour, le courage et la force d'ouvrir tout grands nos yeux pour voir la réalité sans être détruits. Et tout ceci peut être vrai tant que nous nous rappelons que l'espérance ne naît pas de la négation ni de la fuite, ni pour nous, ni pour personne d'autre, et qu'une nouvelle vie ne peut naître que de la graine plantée dans une terre labourée. En effet, Dieu, notre Seigneur, «ne rejette pas un cœur brisé et broyé» (*Ps* 51,19).

Qu'est-ce qui nous empêche de nous ouvrir à la réalité du monde? Serait-ce que nous ne pouvons accepter notre impuissance et sommes prêts à ne voir que les blessures que nous pouvons guérir? Serait-ce que nous ne voulons pas laisser tomber l'illusion d'être les maîtres de notre monde et donc que nous créons notre propre Disneyland où nous pouvons nous faire croire que tous les événements de la vie sont tout à fait sous notre contrôle? Serait-ce que notre cécité et notre surdité sont des signes de notre propre résistance à reconnaître que nous ne sommes pas le Seigneur de l'univers? Il est difficile, quand on pose ces questions, de dépasser l'étape de la rhétorique et de réellement éprouver, jusqu'en notre moi le plus intime, combien nous abhorrons notre impuissance.

La protestation émanant de la solitude

Mais la vie peut nous enseigner que même si les événements quotidiens ne dépendent pas de nous, ils ne doivent jamais être absents de nos cœurs et qu'au lieu de s'abandonner à l'amertume, nos vies peuvent s'ouvrir à la sagesse qui veut qu'une réponse créatrice ne puisse jaillir que du cœur. Quand la réponse à notre monde demeure en suspens entre nos esprits et nos mains, elle est faible et superficielle. Quand, en protestant contre la guerre, la ségrégation et l'injustice sociale, nous ne dépassons pas le stade de la réaction, alors notre indignation devient pharisaïque, notre espérance d'un monde meilleur dégénère en un désir de résultats rapides, et notre générosité est vite épuisée devant les déceptions. Quand notre esprit a rejoint notre cœur, alors seulement pouvons-nous espérer qu'une réponse durable jaillisse de notre moi le plus intime.

Plusieurs de ceux qui ont travaillé de toutes leurs forces pour les droits civiques et ont été très actifs dans le mouvement pour la paix des années 1960 se sont épuisés et sont souvent devenus cyniques. Quand ils ont découvert que la situation les dépassait et qu'ils pouvaient à peine l'influencer, qu'aucun changement visible n'advenait, ils ont perdu leur énergie et, blessés, ils se sont repliés sur eux-mêmes, fuyant dans un monde de rêve et de fantaisie ou rejoignant par dépit la foule de leurs anciens adversaires. Il n'est donc pas étonnant que plusieurs des anciens activistes se retrouvent aujourd'hui en psychothérapie pour confronter leurs frustrations, ou qu'ils les nient en prenant des drogues ou tentent de les soulager dans les nouvelles sectes. Ce qui prêtait le flanc à la critique dans les années 1960, ce n'est pas que le mouvement de protestation n'avait pas de sens, mais bien qu'il n'allait pas assez loin, c'est-à-dire qu'il n'était pas enraciné dans la solitude du cœur. Quand seuls notre esprit et nos mains travaillent, nous nous raccrochons vite aux résultats de nos actions et nous avons tendance à abandonner la lutte quand ils ne se concrétisent pas. C'est dans la solitude du cœur que nous pouvons vraiment écouter les souffrances du monde, parce que nous pouvons prendre conscience que ces souffrances ne sont pas étrangères ou inconnues, mais qu'elles sont en fait les nôtres. Nous pouvons y découvrir que le plus universel est le plus personnel et que rien d'humain ne nous est étranger. Dans la solitude du cœur, nous pouvons découvrir que la cruelle réalité de l'histoire est de fait la réalité du cœur humain, le nôtre compris, et que protester exige d'abord que nous reconnaissions notre propre participation à la condition humaine. C'est alors que nous pouvons vraiment répondre.

Proclamer que comme individus, nous sommes responsables de toute la souffrance humaine nous paralyserait; mais dire que nous sommes appelés à y répondre est un message libérateur. Car nos premières tentatives pour soulager les souffrances de nos semblables peuvent se manifester à partir de notre sentiment intérieur de solidarité avec eux.

Compassion

Ce sentiment de solidarité intérieure nous protège du pharisaïsme et permet de naître à la compassion. Le moine Thomas Merton l'exprime bien quand il écrit:

> Mais si Dieu nous appelle à la solitude, tout ce que nous touchons ne sert qu'à nous y enfoncer plus avant. Tout ce qui nous affecte nous transforme en ermites, pourvu que nous n'essayions pas de faire nous-mêmes le travail ni de construire notre ermitage.
>
> Quel est mon nouveau désert? Son nom est compassion. Il n'en est pas d'aussi terrible, d'aussi beau, d'aussi aride et d'aussi fécond. C'est le seul désert qui fleurira vraiment comme le lis. Il deviendra un lac, il bourgeonnera, s'épanouira et se réjouira d'une grande joie. C'est dans le désert de la compassion que la terre altérée se change en sources d'eau, que le pauvre possède toutes choses[18].

---

18. Thomas MERTON, *Le signe de Jonas*, p. 348.

Le paradoxe de la vie de Merton, c'est que son retrait du monde l'en a rapproché. Plus il pouvait convertir son isolement agité en solitude du cœur, mieux il parvenait à découvrir les souffrances de l'univers dans son centre intérieur et à y répondre. Sa solidarité compatissante avec le combat humain en a fait un porte-parole pour plusieurs qui, tout en n'ayant pas son talent d'écrivain, partageaient sa solitude. C'est dans la solitude que Merton a pris conscience de ses responsabilités, comme le montre à l'évidence ce passage:

> On ne m'a pas demandé si je voulais naître, comme c'est le cas, en 1915, contemporain d'Auschwitz, d'Hiroshima, du Vietnam et des émeutes de Watts; mais ce sont des événements auxquels, que cela me plaise ou non, je suis profondément et personnellement mêlé[19].

Et il ajoute sur un ton un peu sarcastique:

> Il est maintenant d'une évidence transparente que le simple «rejet» systématique du monde et que le «mépris du monde» ne sont, en réalité, pas un choix mais une évasion. Celui qui prétend qu'il peut se désintéresser d'Auschwitz ou du Vietnam et agir comme s'ils n'existaient pas bluffe... Je crois que ceci est maintenant généralement admis, même par les moines[20].

19. Thomas MERTON, *Le retour au silence. La vie contemplative dans le monde actuel*, traduit de l'américain par Marie Tadié, Paris, Desclée de Brouwer, 1975, p. 171.
20. *Ibid.*, p. 175.

La compassion, née de la solitude, nous fait prendre conscience de notre propre historicité. Nous ne sommes pas appelés à répondre à des abstractions, mais aux faits concrets qui surgissent jour après jour. Un homme compatissant ne peut plus considérer ces manifestations du mal et de la mort comme des contre-temps dans la réalisation de ses projets, mais il doit y voir une occasion de se convertir et de convertir ses semblables. Chaque fois, au cours de l'histoire, que les hommes et les femmes ont pu répondre aux événements de leur univers et saisir l'occasion pour changer leur cœur, une source inépuisable de générosité et de vie nouvelle a jailli, offrant de l'espoir bien au-delà des limites de toute prédiction humaine.

La solidarité dans la souffrance

Si nous pensons aux gens qui nous ont donné espoir et ont fortifié nos âmes, nous découvrirons peut-être que ce ne sont pas les dispensateurs de conseils et de mises en garde ou les moralistes, mais les quelques personnes qui ont su définir clairement, en paroles et en actions, la condition humaine et nous ont encouragés à faire face aux réalités de la vie. Les prédicateurs qui réduisent les mystères à des problèmes et offrent des solutions du genre cataplasmes sont déprimants, car ils font fi de la solidarité compatissante qui seule guérit. Mais la description, par Tolstoï, des émotions complexes d'Anna Karénine qui la conduisent au suicide et la présentation, faite par Graham Greene, du cas de l'architecte belge Querry, épuisé et sans énergie, dont la recherche du sens de la vie le mène à mourir dans la jungle africaine peuvent nous donner un nouvel espoir. Ces auteurs n'ont apporté aucune solution, mais ils ont eu le courage d'entrer très profondément dans la souffrance humaine et de s'exprimer à partir de cette souffrance. Ni Kierkegaard, ni Sartre, ni Camus, ni Hammarskjöld, ni Soljénitsyne n'ont apporté de solutions, mais plusieurs lecteurs puisent dans leurs écrits une force nouvelle pour poursuivre leur recherche personnelle. Ceux qui ne fuient pas nos souffrances mais les touchent avec compassion apportent force et guérison. En fait, le paradoxe est que la guérison commence dans la solidarité avec la souffrance. Dans notre société friande de solutions instantanées, il est plus important que jamais de comprendre que vouloir soulager la souffrance sans la partager, c'est comme vouloir sauver un enfant d'une maison en feu sans courir le risque d'être blessé. C'est dans la solitude que la solidarité compatissante trouve sa forme.

Le mouvement de l'isolement à la solitude n'est donc pas un retrait progressif, mais plutôt un engagement plus profond envers les questions brûlantes de notre temps. Le mouvement de l'isolement à la solitude nous permet de voir dans les contre-temps des occasions de conversion du cœur; il fait de nos responsabilités une vocation plutôt qu'un fardeau; il crée cet espace intérieur où une solidarité compatissante avec nos semblables devient possible. Le mouvement de l'isolement à la solitude est le mouvement vers notre être le plus intime où nous découvrirons nos immenses pouvoirs de guérison, perçus non comme une propriété personnelle à mettre à l'abri, mais comme un don à partager avec tous les êtres humains. Ainsi, le mouvement de l'isolement à la solitude nous conduit-il naturellement vers le mouvement de l'hostilité à l'hospitalité. C'est ce second mouvement qui nous encourage à tendre de manière créatrice vers tous ceux que nous rencontrons sur notre chemin.

*Tendre vers nos sœurs
et frères humains*

Le second mouvement:
de l'hostilité à l'hospitalité

CHAPITRE 4

Créer un espace pour les étrangers

La vie dans un monde d'étrangers

La vie spirituelle se caractérise d'abord par un mouvement continu de l'isolement à la solitude. La seconde caractéristique, tout aussi importante, c'est la conversion de l'hostilité en hospitalité. C'est alors que la transformation de la relation à soi-même peut mûrir en relation toujours renouvelée avec nos semblables. C'est ainsi que la recherche de notre intériorité peut conduire à une ouverture à tous ces étrangers que nous rencontrons sur la route de la vie. Dans notre monde plein d'étrangers, séparés de leur propre passé, de leur culture et de leur pays, de leurs voisins, de leurs amis, de leur famille, séparés de leur être même et de leur

Dieu, nous sommes témoins de leur quête douloureuse d'un lieu accueillant où vivre sans peur et dans la communion. Même si plusieurs, sinon la plupart, de ces exilés tendent à susciter une hostilité mêlée de peur, il est néanmoins possible à des hommes et des femmes, et normal pour des chrétiens, d'offrir un lieu ouvert et accueillant où ces étrangers cessent d'être des exilés pour devenir des proches et des semblables. Le passage de l'hostilité à l'hospitalité est ardu et hérissé d'obstacles. Ils sont de plus en plus nombreux, dans notre société, ces gens effrayés, sur la défensive, agressifs, qui se cramponnent à leurs biens et considèrent le monde environnant avec méfiance, car ils s'attendent toujours à voir un ennemi les envahir et leur faire du mal. Et pourtant, nous sommes appelés à voir en l'ennemi (*hostis*) un hôte (*hospes*) et à créer cet espace de liberté et de paix où la fraternité et l'amitié peuvent naître et se vivre pleinement.

Une réalité biblique

De prime abord, le mot «hospitalité» suggère la douce amabilité, de charmantes réceptions, des conversations sans heurts, dans un climat d'intimité confortable. Ceci s'explique parce que, dans notre culture, l'idée d'hospitalité a perdu une grande part de sa force et se pratique dans des milieux où l'on prêche volontiers une piété doucereuse plutôt qu'une sérieuse recherche d'authentique spiritualité chrétienne. Et pourtant, il s'agit d'une idée dont il vaut la peine de rétablir la profondeur initiale et le pouvoir évocateur. Ce terme biblique, parmi les plus riches, peut conférer beaucoup de profondeur et d'ampleur à notre perception des relations avec nos semblables. Les récits de l'Ancien et du Nouveau Testament nous rappellent non seulement le grave devoir de recevoir chez soi l'étranger, mais aussi combien sont précieux les dons que ces invités apportent et qu'ils partagent volontiers avec l'hôte les accueillant. Quand Abraham reçoit avec empressement les trois étrangers à Mamré et leur offre l'eau, le pain et le veau gras, ceux-ci se révèlent à lui comme le Seigneur lui-même et lui annoncent que sa femme Sara enfantera un fils (voir *Gn* 18,1-15). Quand la veuve de Sarepta offre un repas et un abri à Élie, celui-ci manifeste sa qualité d'envoyé de Dieu et lui assure l'huile et la farine en abondance, rappelant même son fils à la vie (voir *1 R* 17,9-24). Quand les deux disciples sur la route d'Emmaüs invitent l'étranger qui les a rejoints sur la route à partager leur repas à l'auberge, celui-ci se fait connaître comme leur Maître et Sauveur à la fraction du pain (voir *Lc* 24,13-35).

Lorsque l'hostilité fait place à l'hospitalité, alors les étrangers inquiétants deviennent des invités qui révèlent à leurs hôtes la promesse qu'ils recèlent. En fait, c'est alors que s'efface la distinction artificielle entre hôte et invité et qu'on assiste à une toute nouvelle union.

Les récits bibliques nous aident ainsi à prendre conscience que l'hospitalité est non seulement une grande vertu, mais plus encore que c'est dans un contexte d'hospitalité que l'invité et l'hôte peuvent révéler leurs dons les plus précieux et se communiquer une vie nouvelle.

Au cours des dernières décennies, la psychologie a beaucoup contribué à renouveler notre compréhension des relations interpersonnelles. Les psychiatres et les psychologues, de même que les travailleurs sociaux, les psychothérapeutes, les prêtres, les éducateurs et bien d'autres dans leur ministère d'aide, ont reconnu la valeur de ces nouvelles intuitions pour leur travail. Mais peut-être que plusieurs, trop impressionnés par ces découvertes, ont perdu de vue la grande richesse d'anciens concepts comme celui d'hospitalité. Peut-être ce concept d'hospitalité ouvrirait-il une nouvelle dimension pour notre compréhension de relations qui puissent guérir, ainsi que pour l'épanouissement d'une véritable communauté dans un monde frappé d'aliénation et d'exil.

L'hospitalité, ce ne serait donc pas seulement recevoir chez soi un étranger — quoique cet aspect ne puisse être oublié ou négligé! — mais surtout adopter une attitude fondamentale à l'égard de nos semblables qui peut s'exprimer de mille façons.

L'ambivalence envers l'autre

Sans doute s'ouvrir à l'autre et l'accueillir dans notre vie se situe-t-il au cœur de la spiritualité chrétienne; pourtant, il nous faut prendre conscience de l'ambivalence spontanée que suscite l'autre. Pas besoin de grande analyse sociale pour constater combien l'hostilité, souvent mêlée de peur et même d'angoisse, nous empêche d'inviter les gens dans notre monde.

Pour saisir toute la portée de l'hospitalité, il faut avoir été soi-même *un étranger* quelque part. Un étudiant m'a écrit:

> Un jour, j'ai quitté ma ville natale avec très peu d'argent et j'ai décidé de faire de l'auto-stop. Pendant cinq jours, je suis allé où le vent me poussait. Bientôt sans le sou, j'ai dû compter sur la générosité des autres. J'ai appris à devenir humble, reconnaissant pour un repas, un bout de route et complètement à la merci de la chance...

Au cours des dernières années, — nous devons le reconnaître —, les étrangers ont plus souvent connu l'hostilité que l'hospitalité. Nos maisons sont protégées par des chiens et un double verrou; nos conciergeries ont des gardiens vigilants; des règlements interdisent de «faire du pouce»; dans le métro patrouillent des gardiens de sécurité; dans nos aéroports, il y a des détecteurs d'armes; dans nos villes, des patrouilles de policiers et dans tout le pays, l'armée est omniprésente. Nous voulons sans doute manifester de la sympathie pour les pauvres, les isolés, les sans-abri et les marginalisés, mais si un étranger frappe à notre porte et demande du pain et un abri, nos sentiments sont pour le moins ambivalents. De façon générale, nous n'attendons rien de bon d'un étranger. Nous nous passons le mot: «Tu ferais mieux de cacher ton argent, de verrouiller ta porte et de bien attacher ta bicyclette.» Nous sommes effrayés et même hostiles à l'égard de gens différents, qui parlent une autre langue, sont d'une autre couleur, portent un autre genre de vêtements et ont un autre style de vie. Souvent, au retour d'un voyage nous sommes assaillis par la crainte qu'un étranger soit entré chez nous par effraction et ait découvert la «cachette» où sont nos «trésors».

Dans nos sociétés, on présume que les étrangers sont dangereux et qu'il leur incombe de prouver le contraire. Alors, en voyage, nous surveillons nos bagages; dans la rue, nous portons notre argent bien caché et s'il faut marcher dans un coin sombre le soir, toutes les fibres de notre corps sont crispées par la peur. Notre cœur nous porte à aider les autres: nourrir les affamés, visiter les prisonniers, offrir un abri aux réfugiés; mais en même temps, nous élevons autour de nous une muraille de peurs et de sentiments hostiles et nous évitons les personnes et les lieux qui pourraient nous rappeler nos bonnes intentions.

Ce n'est pas toujours aussi dramatique. La peur et l'hostilité ne sont pas réservées à nos confrontations avec des voleurs, des drogués ou d'autres délinquants. Dans un monde dominé par la concurrence, même les proches, comme les camarades de classe, les coéquipiers, les collègues de travail, les membres d'une même troupe de théâtre peuvent être infectés par la peur et par l'hostilité, quand ils se perçoivent les uns les autres comme une menace à leur sécurité intellectuelle ou professionnelle. Bien des lieux conçus pour favoriser les rapprochements entre les gens et les aider à former une communauté pacifique se sont dégradés en champs de bataille. Les étudiants d'un même cours, les professeurs lors de réunions pédagogiques, les membres des équipes médicales à l'hôpital, les collaborateurs et collaboratrices à un projet commun sont souvent paralysés par une hostilité réciproque et sont incapables de poursuivre leurs objectifs parce qu'ils sont en butte à la crainte, à la méfiance et même à de véritables attaques. Parfois, les organismes créés pour aménager un temps et un espace en vue de développer de précieux talents humains sont à ce point dominés par des attitudes de retranchement hostile que les idées les plus fécondes et les sentiments les plus généreux ne s'expriment jamais. Les classements, les examens, les systèmes de sélection, les possibilités de promotion, la recherche de récompenses, de prix, étouffent trop souvent les plus beaux élans de création.

Reconnaître l'hostilité en coulisses

Dernièrement, un comédien me racontait des anecdotes de son monde professionnel représentatives de beaucoup d'aspects de la situation contemporaine. Alors qu'une troupe répétait des scènes d'amour, de tendresse, d'amitié tout à fait touchantes, les comédiens et les comédiennes étaient si jaloux l'un de l'autre, si préoccupés de dominer la scène que le climat dans les coulisses n'était que haine, dureté et méfiance mutuelles. On s'embrassait sur scène, mais en coulisse on voulait se frapper; sous les projecteurs on simulait les plus intenses manifestations d'amour, mais les rivalités les plus haineuses flambaient dès que les projecteurs s'éteignaient.

Notre monde ressemble à un théâtre où la paix, la justice, l'amour sont mimés par des acteurs handicapés par leur hostilité. Combien de médecins, de prêtres, de travailleurs sociaux, de psychologues et de thérapeutes, qui rêvaient de servir sans compter au début de leurs études et de leur carrière, sont bientôt devenus victimes de rivalités et d'hostilités féroces dans leur milieu professionnel et personnel? Trop de prêtres et de pasteurs prêchent la paix et l'amour du haut de la chaire, mais ne les retrouvent pas autour de la table du presbytère. Les travailleurs sociaux qui s'efforcent de régler les conflits familiaux de leurs clients en vivent de semblables chez eux. Et combien d'entre nous entendent, dans un profond désarroi, les échos de leurs propres souffrances dans les récits de ceux qu'ils veulent aider?

Ce paradoxe lui-même nous rendrait-il capables de guérir les autres? Quand nous identifierons sans hésiter nos propres craintes et hostilités, il est probable que nous pourrons plus facilement percevoir de l'intérieur cet autre pôle vers lequel nous voulons nous acheminer, nous-mêmes et les autres avec nous. Sans doute la pièce que nous jouons sur scène paraîtra-t-elle toujours meilleure que notre vraie vie en coulisse, mais tant que nous aurons le courage de reconnaître la différence et de travailler à la réduire, la tension entre les deux nous permettra, en toute humilité, d'offrir notre aide aux autres, même si nous sommes nous-mêmes blessés.

Créer un espace de liberté et d'amitié

En prenant conscience des pénibles manifestations de notre hostilité, nous sommes en mesure de franchir les frontières de son opposé vers lequel nous tendons: l'hospitalité. En allemand, l'hospitalité se dit: *Gastfreundschaft*, c'est-à-dire amitié pour l'invité. En néerlandais, on emploie le mot *gastvrijheid*, qui veut dire liberté pour l'invité. Peut-être cela montre-t-il que, pour les Hollandais, la liberté compte plus que l'amitié, mais cela signifie sûrement que l'hospitalité est un gage d'amitié qui ne lie pas l'invité et de liberté qui n'abandonne pas l'invité à lui-même.

L'hospitalité implique donc, en premier lieu, la création d'un espace de liberté où l'étranger peut entrer et devenir un ami, pas un ennemi. L'hospitalité ne vise pas à changer les gens, mais elle leur offre un espace où un changement peut se produire. Elle ne tente pas de gagner les gens à son parti, mais la liberté qu'elle offre n'est pas troublée par des divisions. Elle n'accule pas le prochain dans une impasse, mais au contraire elle déploie tout l'éventail des options entre lesquelles choisir et s'engager. L'hospitalité ne s'impose pas par de bons livres, de bons témoignages, de bonnes œuvres, elle libère les cœurs inquiets afin que les bonnes paroles puissent prendre racine et porter du fruit. Ce n'est pas un moyen d'imposer, comme critères du bonheur, notre Dieu et notre façon d'agir et de penser, mais c'est une possibilité offerte aux autres de découvrir leur Dieu et leur voie. Paradoxalement, l'hospitalité cherche à faire le vide, mais pas un vide qui inspire la crainte; plutôt un vide chaleureux où l'étranger entre et découvre qu'il a été créé libre; libre de chanter ses propres chansons, de parler son propre langage, de danser ses propres danses; libre aussi de partir et de suivre ses propres appels. L'hospitalité n'est pas une invitation subtile à adopter le style de vie de son hôte, mais le don fait à l'invité d'une occasion de découvrir le sien.

Le philosophe américain Thoreau décrit très bien cette attitude:

Je ne voudrais à aucun prix voir quiconque adopter *ma* façon de vivre; car, outre que je peux en avoir trouvé pour moi-même une autre avant qu'il ait pour de bon appris celle-ci, je désire qu'il se puisse être de par le monde autant de gens différents que possible; mais ce que je voudrais voir, c'est chacun attentif à découvrir et suivre *sa* propre voie, et non pas à la place celle de son père ou celle de sa mère ou celle de son voisin[21].

---

21. Henry David Thoreau, *Walden ou La vie dans les bois*, traduit de l'anglais par L. Fabulet, Paris, Gallimard, 1990, p. 71.

Créer de l'espace pour l'autre n'est pas une tâche facile. Il faut pour cela faire preuve d'une intense concentration et d'un travail méthodique, comme le policier qui veut frayer un chemin à une ambulance dans une foule en proie à la panique. En fait, plus souvent qu'autrement, la rivalité et la concurrence, le désir de pouvoir et de réussite immédiate, l'impatience et la frustration et, plus que tout, la peur s'imposent et finissent par occuper tous les recoins de notre vie. Le vide lui-même peut susciter la crainte. Car tant que nos mains, nos pensées et nos cœurs sont occupés, nous pouvons éviter les questions pénibles auxquelles nous n'avons jamais accordé beaucoup d'attention et dont nous ne voulons pas prendre conscience. «Être très occupé» est devenu un gage de supériorité et la plupart des gens s'encouragent à garder leur corps et leur esprit en constant mouvement. De loin, nous avons l'air de remplir nos vies de mots et d'activités et de ne pouvoir tolérer aucun moment de silence. Les hôtes se croient souvent obligés de parler tout le temps à leurs invités, de s'en occuper en leur proposant des choses à faire, des endroits à visiter, des personnes à rencontrer. Mais en comblant chaque espace vide, chaque moment libre, leur hospitalité devient accablante au lieu d'être révélatrice.

Un espace occupé et préoccupé

Nous cherchons à occuper l'espace (et le temps) plutôt qu'à le libérer. Quand nous ne sommes pas occupés nous nous agitons. Nous sommes même inquiets si nous ne savons pas quoi faire dans l'heure, la semaine ou l'année qui suit. Toute occupation apparaît comme une bénédiction et le vide, comme une malédiction. Bien des conversations téléphoniques commencent par la phrase: «Je sais que vous êtes bien occupé, mais...» Et notre interlocuteur serait bien surpris et aurait une piètre opinion de nous si nous répondions: «Non, non, je suis tout à fait libre aujourd'hui, demain... toute la semaine.» Et nos clients perdraient tout intérêt pour quelqu'un qui a si peu à faire.

Être bien occupés, actifs, en mouvement, cela fait maintenant partie de ce que nous sommes. Quand on nous demande de nous asseoir tout simplement, sans journal à lire, sans radio à écouter, sans télévision à regarder, sans visiteur, sans téléphone, nous avons tendance à devenir si agités, si tendus que n'importe quelle distraction est la bienvenue.

Voilà pourquoi faire silence est une tâche si difficile. Beaucoup de ceux qui affirment désirer le silence, le repos, la paix trouveraient insupportable la tranquillité d'un monastère. Quand toute l'agitation autour d'eux s'apaise, que personne ne les interroge, ne demande leur avis ou même ne leur offre de l'aide, quand il n'y a ni musique ni journaux, ils ressentent une telle inquiétude intérieure qu'ils se cramponneront à la première occasion de s'engager à nouveau. Dans un monastère de contemplatifs, les premières semaines et même les premiers mois ne sont pas aussi reposants qu'on se l'imaginerait, et l'on comprend que les gens passent plus souvent leurs vacances sur des plages achalandées, sur des terrains de camping ou près de centres de divertissement plutôt que dans le silence d'un monastère.

Il faut le reconnaître: les préoccupations constituent une plus importante pierre d'achoppement que les occupations. Les espaces libres et les temps libres nous indisposent tant que nos esprits tentent de les combler avant de les rencontrer. Beaucoup de nos inquiétudes et de nos soucis viennent de ce que nous n'acceptons pas que des questions restent sans réponse et que des situations restent ouvertes. Nous sommes portés à saisir toute solution et toute réponse qui semble convenir à la situation. Nous ne pouvons pas tolérer que des personnes et des événements soient imprévisibles et incompréhensibles pour nous; nous cherchons des étiquettes ou des catégories qui rempliront le vide par des perceptions illusoires.

Oui, vraiment, nous sommes devenus des gens très préoccupés, effrayés par le vide incompréhensible et par la solitude silencieuse. En fait, nos préoccupations nous ferment aux nouvelles expériences et nous retiennent dans nos habitudes. Elles témoignent de la crainte qui nous pousse à laisser les choses comme elles sont. Bien souvent, on dirait que nous préférons une mauvaise certitude à une bonne incertitude. Nos préoccupations contribuent à entretenir cet univers personnel que nous nous sommes créé au cours des ans et ferment la voie aux changements trop révolutionnaires. Ce sont nos peurs, nos incertitudes et nos hostilités qui nous poussent à remplir notre monde intérieur d'idées, d'opinions, de jugements et de valeurs auxquelles nous tenons comme à un bien précieux. Au lieu d'affronter les défis que posent les milieux nouveaux qui s'ouvrent à nous et de lutter à terrain découvert, nous nous cachons derrière les murailles de nos soucis, cramponnés aux repères que nous nous sommes donnés au fil des ans.

La puissance paralysante de nos préoccupations a été très clairement mise en évidence par Don Juan, l'Indien Yaqui, au cours d'une conversation avec l'anthropologue Carlos Castaneda qui se mettait à son école. Ce jour-là, Carlos demandait à Don Juan comment il pourrait mieux conformer sa vie aux enseignements de l'Amérindien. «Tu penses et tu parles beaucoup trop. Tu dois cesser de te parler[22]», lui répondit Don Juan. Et il expliqua que nous maintenons notre monde intérieur par ce discours intérieur et que nous nous parlons jusqu'à ce que tout soit comme nous le voudrions, répétant indéfiniment nos choix intérieurs, adoptant toujours les mêmes chemins. Si nous cessions de nous dire que le monde est comme ceci et comme cela, il cesserait d'être tel! Don Juan ne croyait pas que Carlos était prêt à recevoir un tel choc, mais il lui conseilla d'écouter l'univers et de permettre ainsi aux changements de se produire.

---

22. Carlos CASTANEDA, *Les enseignements d'un sorcier Yaqui*, traduit de l'anglais par Marcel Kahn, postface de Jean Monod, Paris, Gallimard/NRF, 1973, p. 211.

Même si ce conseil peut sembler étrange pour «l'homme de l'organisation», il ne devrait pas surprendre celui qui porte en son cœur les paroles de Jésus Christ. Ce dernier ne disait-il pas, lui aussi, que nos inquiétudes nous empêchaient d'accueillir le Royaume, c'est-à-dire le monde nouveau? Don Juan se demandait comment nous espérions que quelque chose de nouveau nous arrive quand nos cœurs et nos esprits étaient si encombrés par nos propres soucis que nous ne pouvions pas entendre les signes annonciateurs de la nouvelle réalité. Et Jésus dit: «Ne vous inquiétez donc pas, en disant: "Qu'allons-nous manger? qu'allons-nous boire? de quoi allons-nous nous vêtir?" — tout cela, les païens le recherchent sans répit —, il sait bien, votre Père céleste, que vous avez besoin de toutes ces choses. Cherchez d'abord le Royaume et la justice de Dieu, et tout cela vous sera donné par surcroît. Ne vous inquiétez donc pas pour le lendemain: le lendemain s'inquiétera de lui-même. À chaque jour suffit sa peine.» (*Mt* 6,31-34)

Nous voyons donc que créer un espace n'est pas du tout facile dans notre société occupée et préoccupée. Et pourtant, si nous espérons un salut, une rédemption, une guérison et une vie nouvelle, il nous faut d'abord dégager en nous un espace ouvert et accueillant où quelque chose puisse se produire. L'hospitalité est donc une attitude très importante. Nous ne changerons pas le monde à coup de plans, de projets ou de concepts nouveaux. Nous ne pourrons même pas changer les autres avec nos convictions, nos récits, nos témoignages, nos conseils ou nos propositions, mais nous pouvons leur offrir un espace où ils pourront baisser les armes, se délester de leurs occupations et de leurs soucis et où ils pourront écouter attentivement les voix qui s'expriment dans leur propre cœur. L'importance de se libérer pour pouvoir apprendre apparaît clairement dans ce récit zen:

> Nan-in, maître japonais sous le règne des Meiji (1868-1912), reçut un jour un professeur de l'université venu s'informer sur le Zen.
>
> Comme il servait le thé, Nan-in remplit la tasse de son visiteur à ras bord et continua à verser.
>
> Le professeur regarda le thé déborder, jusqu'à ce qu'il s'écriât, excédé:
>
> — Plus une goutte, ma tasse est pleine!
>
> — Tout comme cette tasse, dit Nan-in, tu es rempli de tes propres opinions. Comment pourrais-je te montrer ce qu'est le Zen si tu ne vides d'abord ta tasse[23]?

Transformer l'hostilité en hospitalité exige de créer un espace libre et chaleureux où nous pouvons aller vers nos semblables et les inviter à de nouvelles relations. Cette conversion est un événement tout intérieur qu'on ne peut pas provoquer à son gré mais qui doit se développer de l'intérieur. De même qu'il est impossible de forcer une

---

23. Paul REPS, *op. cit.*, p. 19.

plante à pousser, mais qu'on peut tout au plus écarter les pierres et les mauvaises herbes qui nuisent à son développement, de même on ne peut forcer qui que ce soit à opérer un changement de cœur aussi personnel et aussi intime. Mais on peut dégager l'espace où un tel changement pourra se réaliser.

CHAPITRE 5

Des formes d'hospitalité

Allées et venues dans nos relations

Le passage de l'hostilité à l'hospitalité se répercute sur notre relation aux autres. Nous ne serons sans doute jamais libérés de nos hostilités; il y aura probablement même des jours et des semaines où nos sentiments d'hostilité domineront toute notre vie émotive à un point tel que le mieux sera de garder nos distances, parler le moins possible aux autres et ne pas écrire de lettres, sauf à nous-mêmes. Parfois, certains événements de notre vie suscitent des sentiments d'amertume, de jalousie, de soupçon, et même des désirs de vengeance qui mettent du temps à guérir. En étant réaliste, on constate que même en espérant évoluer vers l'hospitalité, la vie est si complexe qu'on ne peut pas s'attendre à aller toujours de l'avant. Mais à mesure que nous prenons conscience de l'hospitalité que nous offre autrui et que nous sommes reconnaissants des quelques occasions où nous avons pu nous-mêmes créer des espaces d'hospitalité, alors nous devenons plus attentifs à nos mouvements intérieurs et plus capables d'affermir cette attitude d'ouverture envers nos semblables.

Si l'on conçoit l'hospitalité comme la création d'un espace de liberté et d'amitié où les autres peuvent être rejoints et invités à devenir des amis, il est alors évident que cela peut se réaliser à plusieurs niveaux et dans plusieurs types de relations. Même si le mot «étranger» évoque quelqu'un qui appartient à un autre milieu que le nôtre, parle une autre langue, vit selon d'autres coutumes, il est indispensable, en tout premier lieu, de reconnaître l'étranger qui se trouve dans notre environnement immédiat. Quand on réussit à être de bons hôtes pour les étrangers de son milieu, on peut trouver le moyen d'étendre son hospitalité à de plus vastes horizons. Il serait peut-être éclairant d'étudier attentivement trois types de relations mieux comprises sous l'angle de l'hospitalité. Il s'agit des relations entre les parents et leurs enfants, entre les maîtres et leurs élèves et entre certains professionnels — médecins, travailleurs sociaux, psychologues, conseillers, infirmières, ministres ou pasteurs et prêtres — et leurs patients, clients, bénéficiaires ou paroissiens.

À un moment ou l'autre de notre vie, nous sommes nous-mêmes impliqués dans ces trois types de relations, et des deux côtés de la clôture. La vie est si complexe que nous sommes souvent impliqués dans tous ces types de relations à la fois. Tout en étant le père de nos enfants, le maître de nos étudiants et le conseiller de qui nous consulte, nous sommes en même temps un fils, un étudiant et un patient dans d'autres contextes. Tout en nous efforçant d'être une bonne mère, nous avons encore des responsabilités comme fille; nous enseignons le jour et nous devenons une étudiante adulte le soir. Sollicités pour conseiller quelqu'un d'autre, nous savons bien que nous avons souvent besoin d'être conseillés nous-mêmes. Nous sommes tous à la fois enfants et parents, étudiants et maîtres, guérisseurs et blessés. Et c'est ainsi que nous passons d'un monde à l'autre, à des moments différents et selon des modalités différentes. La complexité de ces allées et venues, de ces entrées et sorties donne lieu à un nombre croissant d'études, de recherches, de livres et même d'instituts spécialisés, mais il est possible que le concept d'hospitalité sous-tende toutes ces relations interpersonnelles. Et qu'il nous aide à percevoir comment ces relations tombent toutes ensemble sous le grand commandement: «Tu aimeras ton prochain comme toi-même.» (*Mc* 12,31)

Parents et enfants

À première vue, on peut trouver étrange de parler de la relation parents-enfants en termes d'hospitalité. Mais l'essence même du message chrétien veut qu'on considère ses

101

enfants non comme une possession qu'on s'approprie et qu'on gère, mais plutôt comme des dons qu'on chérit et dont on prend soin. Nos enfants sont les invités les plus importants que nous recevons dans notre foyer; ils exigent notre attention et ils resteront pour un temps avec nous, puis s'en iront pour suivre leur propre voie. Nos enfants sont des étrangers que nous devons apprendre à connaître. Ils ont leur propre style, leur propre rythme, leur propre pouvoir de faire le bien et le mal. On ne les comprend pas rien qu'en regardant leurs parents. Il n'est donc pas surprenant d'entendre des parents affirmer: «Nos enfants sont tous différents, aucun d'eux ne ressemble aux autres; ils nous surprennent et nous émerveillent sans cesse.» Les pères et les mères de famille saisissent mieux que la famille et les amis combien leurs enfants sont différents d'eux et de leurs frères et sœurs. Les enfants portent en eux une promesse cachée qui, dans une famille accueillante, hospitalière, doit être amenée à maturité, grâce à l'éducation (*e.* en dehors; *ducere.* amener, conduire). Il faut du temps et de la patience pour que ce petit étranger se sente chez lui; et on peut affirmer sans crainte que les parents doivent apprendre à aimer leurs enfants. Parfois, une mère ou un père se sent assez libre et vrai pour avouer qu'il a considéré le nouveau-né comme un étranger sans ressentir d'élan d'affection, non que le bébé n'ait pas été désiré, mais parce qu'aimer n'est pas une réaction automatique. L'amour fleurit à partir d'une relation qui doit s'épanouir, grandir et s'approfondir. Nous pouvons même affirmer que l'amour

102

entre parents et enfants se développe et mûrit dans la mesure où ils peuvent se rejoindre et se découvrir les uns les autres comme personnes humaines qui ont beaucoup à partager et dont les différences d'âge, de talents et de façons d'agir comptent moins que l'humanité qu'ils partagent.

Les parents peuvent offrir un foyer qui soit ouvert, mais dont les frontières soient assez sécuritaires pour que les enfants puissent s'y développer et découvrir ce qui est utile et ce qui est nuisible. Là, les enfants peuvent poser des questions sans crainte et ils peuvent faire des expériences vitales sans risquer d'être rejetés. Là, ils sont encouragés à percevoir les appels intérieurs et à se libérer suffisamment pour quitter la maison et prendre la route. Un chez-nous hospitalier est bien le lieu où père, mère et enfants peuvent se manifester leurs dons, se rendre présents les uns aux autres comme membres de la même humanité et se soutenir dans le combat qu'ils mènent pour vivre et pour faire vivre les autres.

Prendre conscience que les enfants sont des invités peut être très libérateur, car beaucoup de parents entretiennent de profonds sentiments de culpabilité à l'égard de leurs enfants parce qu'ils se croient responsables de tout ce qu'ils font. Quand ils constatent que leur enfant agit d'une façon qu'ils ne peuvent approuver, les parents se torturent par des questions comme celles-ci: «Qu'est-ce que nous avons fait de mal?» «Comment aurions-nous pu prévenir ce comportement de notre enfant?» et ils se demandent où ils se sont trompés. Mais les enfants ne sont pas des possessions qu'on peut contrôler comme un marionnettiste contrôle ses marionnettes ou qu'on peut dompter comme un dompteur dompte ses lions. Les enfants sont des invités auxquels nous réagissons et non des possessions dont nous sommes responsables.

Certains parents mettent en doute la valeur du baptême des nouveau-nés. Mais quand des parents amènent leur enfant à l'église pour le baptême tôt après la naissance, on leur rappelle que l'enfant n'est pas leur propriété privée, mais bien un don de Dieu à une communauté plus vaste que la famille immédiate. Dans notre culture, on tient pour acquis que toute la responsabilité pour l'enfant revient aux parents biologiques. Les grandes conciergeries modernes, où chaque famille s'enferme dans un petit îlot et se méfie de ses voisins, n'offrent effectivement pas d'autre recours à l'enfant que ses propres parents.

Mais lors d'un voyage au Mexique, je me suis assis sur un banc de la place d'un village et j'ai pu constater à quelle grande famille les enfants appartenaient. Ils étaient embrassés, caressés, portés par les oncles, les tantes, les amis, les voisins, et toute la communauté, rassemblée ce soir-là sur la place pour jouer avec les enfants, semblait être devenue le père et la mère des petits. L'affection des petits et l'aisance avec laquelle ils passaient de l'un à l'autre m'a fait prendre conscience que, pour eux, tout le monde était de la famille.

Peut-être l'église est-elle l'un des rares endroits où nous pouvons rencontrer des gens différents de nous avec lesquels nous pouvons former une grande famille. C'est pourquoi amener les enfants à l'église pour être baptisés est un rappel important de l'appartenance à cette grande communauté où ils peuvent renaître et où ils trouveront un espace de liberté pour s'épanouir jusqu'à la pleine maturité, sans aucune crainte.

La difficile tâche des parents consiste à aider les enfants à atteindre cette autonomie qui leur permet de se tenir debout physiquement, mentalement et spirituellement et de suivre leur propre voie. La tentation existe, et demeure toujours, pour les parents, de se cramponner à leurs enfants, de s'attendre à ce qu'ils répondent à leurs besoins insatisfaits, tout en suggérant de façon plus ou moins subtile qu'ils leur doivent beaucoup. Il est très pénible de voir partir ses enfants après avoir investi tant d'amour et d'efforts pour les conduire à maturité, mais si l'on se rappelle constamment qu'ils sont des invités qui ont leurs propres missions que nous ne pouvons ni deviner ni imposer, nous pourrons plus facilement les laisser aller dans la paix avec notre bénédiction. Non seulement un bon hôte est-il capable de recevoir ses invités avec honneur et de leur offrir toute l'attention dont ils ont besoin, mais encore sait-il les laisser partir à l'heure qui leur convient.

Maîtres et étudiants

L'hospitalité est un modèle d'échange interactif et créateur entre les maîtres et les élèves, comme entre les parents et les enfants. Le domaine de l'éducation, où tant de gens travaillent toute leur vie, ou au moins à des périodes cruciales de leur vie, comme élèves ou comme enseignants, est sûrement un domaine qui a besoin d'un nouvel esprit, d'une spiritualité de rédemption et de libération. L'une des grandes tragédies de notre culture, c'est que des millions de jeunes aient à consacrer tant d'heures, de semaines, de mois et d'années à écouter des cours, lire des livres et rédiger des travaux de recherche en y croyant de moins en moins. Il est de plus en plus courant de louer les maîtres de tous les niveaux d'enseignement s'ils parviennent à retenir l'attention de leurs élèves et à les motiver pour réaliser leur travail. Presque tous les élèves perçoivent leur éducation comme une interminable suite de devoirs à remplir. Plus que toute autre culture, notre culture technocratique aura réussi à étouffer la curiosité spontanée des jeunes et à éteindre le désir si humain de connaître.

Comme enseignants, nous ne voyons plus ce qu'il y a de risible à ce que des étudiants adultes croient qu'ils nous «doivent» une dissertation d'au moins vingt pages. Nous ne sommes pas surpris que ceux et celles qui suivent un cours portant sur une question de vie et de mort n'aient rien d'autre à nous demander que le nombre de pages «exigé». Au lieu de consacrer un certain nombre d'années à la recherche gratuite de la valeur et du sens de l'existence humaine avec l'aide de gens qui ont partagé leurs propres expériences par la parole ou par l'écrit, la plupart des élèves s'efforcent de «gagner» des crédits, des diplômes et des récompenses, même en sacrifiant leur croissance.

Ainsi, il n'est pas étonnant que naisse une forte résistance à l'étude et qu'une grande part du développement mental et émotionnel véritable soit compromise par un contexte éducatif où les élèves perçoivent les enseignants comme des patrons exigeants plutôt que comme des guides dans leur recherche de connaissance et de compréhension.

Un des grands problèmes de l'éducation, c'est d'offrir des réponses en l'absence même de questions. Il semblerait que l'expérience des élèves eux-mêmes soit la source de formation et d'information la moins exploitée. Il arrive que les enseignants parlent d'amour et de haine, de crainte et de joie, d'espoir et de désespoir à des élèves qui prennent docilement leurs notes de cours ou qui regardent par la fenêtre avec ennui. Cela est incompréhensible, sauf si on réalise que les élèves ne se sont pas encore approprié leur expérience de l'amour et de la haine, de la crainte et de la joie, de l'espoir et du désespoir et qu'ils n'ont pas encore permis à ces questions vitales de naître de leur propre cœur. Mais dans un climat hostile, personne ne consent à devenir vulnérable et n'ose s'avouer à lui-même ou aux autres — maîtres ou camarades d'étude — que plusieurs des questions les plus vitales de l'existence demeurent toujours pour lui des notions théoriques.

L'enseignement exige donc d'abord qu'on crée un espace où maîtres et élèves puissent entrer sans crainte en communication les uns avec les autres en acceptant que leurs expériences les plus vitales soient la première et la plus précieuse source de croissance et de maturation. Avec une grande confiance mutuelle, ceux qui enseignent et ceux qui veulent apprendre peuvent devenir présents l'un à l'autre, non comme des adversaires, mais comme des alliés dans une lutte et une recherche commune de la vérité.

Je me souviens d'un étudiant qui résumait avec beaucoup d'enthousiasme un livre sur la méditation zen, alors que sa propre expérience vitale d'isolement et d'agitation intérieure et son désir de paix et de solitude demeuraient un livre fermé pour lui. Les livres comme les paroles peuvent faire obstacle à la connaissance de soi.

Certaines situations d'enseignement sont tout à fait anti-éducatives, en particulier celles où les étudiants et les enseignants ont profondément peur d'être rejetés, doutent de leurs capacités et ressentent une colère réprimée les uns envers les autres. Nul n'osera dévoiler son talent le plus précieux à des gens qu'il craint.

Mais alors, est-il possible que chacun devienne accueillant dans une salle de classe? Ce n'est sûrement pas facile pour les enseignants, ni pour les étudiants, car ils appartiennent tous à une société exigeante, «pressurante» et souvent exploiteuse, où la croissance et le développement des personnes sont bien secondaires par rapport à la productivité et à la capacité d'acquérir non seulement des diplômes, mais surtout un bon salaire. Dans cette société axée sur la production, les écoles n'ont pas le loisir de laisser surgir les grandes questions sur le sens de la vie, du travail, de l'amour et de la mort sans avoir à redouter la compétition et la rivalité ou à se préoccuper des sanctions ou des récompenses.

Et pourtant, l'éducation, dans une perspective chrétienne, signifie s'engager à libérer un espace sans peur où de telles questions peuvent monter à la conscience et être accueillies, non par des réponses préfabriquées, mais par un encouragement explicite à y entrer sérieusement et personnellement. Considérer l'éducation en termes d'hospitalité, c'est reconnaître que le maître est appelé à préparer pour ses élèves un espace libéré de toute peur où leur développement mental et émotif peut se réaliser. À propos de la «spiritualité de l'éducateur», deux aspects principaux de son rôle demandent une attention spéciale: révéler et confirmer.

L'éducateur hospitalier doit révéler à ses étudiants et étudiantes qu'ils ont aussi quelque chose à donner. Après tant d'années passées à seulement recevoir, la plupart des étudiants sont à ce point persuadés qu'ils ont encore tout à apprendre qu'ils ont perdu confiance en eux-mêmes au point d'être incapables de concevoir qu'ils puissent aussi avoir à donner, non seulement à des gens peu instruits, mais même à leurs camarades et à leurs éducateurs et éducatrices.

Il faut donc d'abord révéler, c'est-à-dire enlever le voile qui dissimule le dynamisme intellectuel des élèves, les aider à découvrir que leurs propres expériences, leurs intuitions et leurs convictions, leurs idées et leurs formulations méritent la plus grande attention. Un bon hôte croit que son invité porte une promesse qu'il est prêt à révéler à quiconque manifeste un intérêt véritable. Impressionner les élèves en se référant à des livres qu'ils n'ont pas lus, à des mots qu'ils ne connaissent pas, à des situations inusitées est relativement facile. Mais être celui qui accueille, qui aide les élèves à distinguer le bon grain de l'ivraie dans leur propre vie et à manifester les beaux dons qu'ils portent en eux est autrement difficile. Car comment croire qu'on a quelque chose à donner quand personne n'est disposé à recevoir? En fait, on découvre ses dons dans le regard de qui les accueille. Les éducateurs qui peuvent se libérer du besoin d'impressionner et de contrôler et qui s'ouvrent à la nouveauté que portent leurs étudiants, découvriront que c'est par l'accueil, par la réceptivité que les dons deviennent visibles.

Ce qui se révèle de bon, de valable ou de nouveau doit être confirmé. La confirmation, l'encouragement et le soutien sont souvent bien plus importants que la critique. Le bon hôte aide les invités à découvrir leurs talents cachés; plus encore, il les aide à développer et approfondir ces talents afin de poursuivre leur propre cheminement avec une confiance renouvelée. Le manque de confiance en soi fait des ravages dans beaucoup d'écoles, si bien que la confirmation est plus importante que jamais. Confirmer peut signifier plusieurs choses. D'abord tout simplement l'expression de son intérêt et de sa surprise ou un mot de remerciement pour une contribution. Ou encore la suggestion de quelques bons livres ou la référence à des gens qui possèdent des talents particuliers. Cela ne signifie souvent que regrouper des personnes qui se complètent ou réserver du temps et un lieu pour continuer à réfléchir ensemble. Mais pour confirmer ou raffermir quelqu'un, encore faut-il avoir la conviction intime qu'un don précieux mérite attention et soin soutenus.

La révélation et la confirmation sont particulièrement importantes pour l'éducation religieuse. Le fait que tant d'élèves ne se préoccupent pas de l'enseignement religieux tient sans doute en grande partie à ce que leur propre expérience de vie y semble étrangère. Il y a autant de façons d'être chrétiens que de chrétiens; aussi est-il moins significatif de proposer une doctrine ou une idée déjà codifiée que de faire place aux élèves afin qu'ils révèlent leurs riches potentialités humaines pour aimer, donner et créer et leur apporter ainsi la confirmation qui donne le courage de poursuivre leur recherche sans crainte.

Quand nous aurons nous-mêmes établi le contact avec nos expériences les plus vitales et que nous aurons appris à saisir nos désirs profonds de libération et de vie nouvelle, alors nous pourrons prendre conscience que Jésus n'a pas seulement parlé mais qu'il est venu nous atteindre dans nos besoins les plus personnels. L'Évangile ne propose pas seulement des idées qui valent qu'on s'en souvienne. C'est un message qui vient correspondre à notre condition humaine unique. L'Église n'est surtout pas une institution qui nous impose ses règlements. C'est une communauté de personnes qui nous invite à apaiser notre faim et notre soif à sa table. La doctrine chrétienne n'est pas constituée de formules étrangères auxquelles nous devons adhérer, mais elle est un relevé des expériences humaines les plus profondes qui, au-delà du temps et de l'espace, sont transmises de génération en génération comme une lumière dans nos ténèbres.

Mais à quoi sert-il de parler de lumière à des gens qui ne perçoivent pas leurs ténèbres? Comment parler de la Voie à quelqu'un qui ne sait pas qu'il y a de multiples chemins? Comment quelqu'un désirerait-il la vérité quand il ne sait même pas qu'il y a des questions? On ne s'étonne pas alors que bien des gens considèrent l'éducation religieuse comme ennuyeuse et superflue et se plaignent qu'elle engendre la crainte et enferme les esprits au lieu de susciter la joie et la liberté spirituelle. Mais ceux qui ont pu trouver un lieu de repos et de solitude intérieure et qui ont écouté attentivement les questions qui montaient de leur cœur, ceux-là reconnaîtront que les paroles prononcées en ce lieu peuvent guérir et non faire du mal.

C'est pourquoi la révélation et la confirmation sont deux aspects si importants de la relation maître-élève. L'une et l'autre sont la preuve que les élèves ne sont pas que de pauvres mendiants, misérables et ignorants, mais qu'ils sont vraiment des invités honorant la maison où ils passent et qu'ils ne la quitteront pas sans y faire leur propre contribution. Considérer l'enseignement comme une forme d'hospitalité ce sera le débarrasser d'une espèce de lourdeur qui lui est étrangère et lui rendre sa capacité de stimuler les esprits.

De même que des parents sont tentés de considérer leurs enfants comme leurs propriétés, certains enseignants adoptent une attitude possessive envers leurs étudiants. En fait, des enseignants deviennent souvent tristes et déprimés à cause d'un sens de responsabilité tout à fait possessif. Ils se sentent malheureux, voire coupables, quand leurs étudiants ne se rallient pas à leurs idées, leurs conseils ou leurs suggestions, et ils éprouvent souvent un profond sentiment d'incompétence.

Quand nous enseignons, il serait sain de reconnaître que nous ne pouvons inculquer aux élèves un modèle unique de bonne vie. Ce sont des visiteurs qui passent et qui ont déjà visité bien des demeures avant d'arriver à la nôtre. Notre relation avec eux consistera d'abord à nous offrir nous-mêmes à nos élèves en recherche, pour les aider à faire la lumière parmi les nombreuses impressions qui habitent leur esprit et leur cœur, afin qu'ils y découvrent quelques structures de pensées et de sentiments sur lesquels construire leur vie. C'est en les soutenant que nous pouvons offrir cet espace aux frontières sécuritaires où nos élèves pourront laisser tomber leurs attitudes défensives et se pencher sur leur propre expérience de vie, avec ses forces et ses faiblesses, afin d'y esquisser l'ébauche d'un plan à suivre.

Comme éducateurs, nous devons encourager nos élèves à une réflexion qui les conduit à se forger un point de vue — le leur et non le nôtre.

Cependant, il faut prendre conscience que bien des élèves sont lassés des exigences des institutions d'enseignement et se méfient tellement de quiconque propose quelque chose de nouveau qu'ils répondront rarement à un professeur vraiment hospitalier et n'oseront pas prendre le risque de la confiance — confiance en lui et confiance en eux-mêmes. Par ailleurs, il arrive aussi que des éducatrices et des éducateurs très motivés se fatiguent d'essayer d'«atteindre» leurs élèves et s'épuisent à satisfaire aux exigences de la grosse structure anonyme où ils doivent travailler, si bien qu'ils passent bien vite de l'hospitalité à la défensive. Au lieu de contribuer à révéler et à confirmer, ils se surprennent à exiger et à contrôler, et même parfois à éclater et à prendre leur revanche. Comment s'étonner alors que bien des maisons d'enseignement produisent des concurrents aigris plutôt que des hôtes accueillants?

Guérisseurs et patients

Finalement, ceux et celles qui veulent atteindre leurs semblables dans l'une des professions d'aide — médecine, travail social, ministères de tous genres, autres interventions d'aide — doivent se rappeler que la personne qui a besoin de soins ne leur appartient pas. Avec la professionnalisation croissante, un grand danger guette les différentes formes d'interventions thérapeutiques: devenir des moyens d'exercer du pouvoir au lieu d'offrir un service. On constate facilement que de nombreux patients — ou mieux, beaucoup de gens qui souffrent — considèrent ceux et celles qui les aident avec inquiétude et appréhension. Les patients ont pour leur médecin, psychologue, psychiatre, prêtre, pasteur, infirmière ou travailleuse sociale une admiration craintive comme s'il s'agissait d'un être doté de pouvoirs mystérieux. Ils acceptent que ces professionnels parlent un langage incompréhensible, posent des actes qu'on ne peut critiquer ou mettre en doute ou prennent des décisions vitales sans donner d'explication, sans consulter. Si on jette un coup d'œil dans les salles d'attente de différents thérapeutes, on voit sur le visage des patients cette expression de crainte révérentielle. Les pauvres sont plus facilement soumis à ces émotions, ce qui ajoute à leurs pénibles souffrances.

Au cours d'un été, en Bolivie, j'ai découvert que la plupart des baptêmes dont j'étais témoin étaient des baptêmes de bébés déjà morts. J'étais horrifié. Mais, petit à petit, j'ai compris que beaucoup de gens vivaient si loin de l'église qu'ils hésitaient à entreprendre la longue marche de cinq heures ou plus et qu'ils ne faisaient pas baptiser leur enfant à la naissance. Mais lorsque la maladie, un accident ou la faim tuait le petit, alors leurs sentiments de crainte et de culpabilité devenaient si intenses que ces mêmes gens portaient le petit cadavre sur une longue distance pour le faire baptiser avant les funérailles. Tiraillés entre leur conviction que le baptême s'adresse aux vivants et non aux morts et la certitude que le refus de baptiser augmente la peur et approfondit la douleur des parents, les prêtres faisaient de leur mieux. Mais ceci prouve combien, avec le temps, les prêtres étaient devenus aux yeux de leurs fidèles des hommes puissants et distants qu'il fallait craindre plutôt que des amis intimes et des serviteurs à qui on fait confiance.

Même dans nos pays techniquement plus évolués, les presbytères sont rarement perçus comme des endroits où l'on peut se présenter en tout temps pour n'importe quel problème. Certaines personnes craignent les prêtres et les pasteurs; d'autres éprouvent à leur égard de l'hostilité ou de l'aigreur; plusieurs n'en attendent pas grand secours; tout au plus quelques-uns se sentent-ils à l'aise pour frapper à leur porte. Dans les yeux et le cœur de ceux qui souffrent, les églises et les presbytères apparaissent davantage comme des lieux de pouvoir que comme des lieux d'hospitalité. Et c'est également le cas pour d'autres professions. Combien de gens quittent l'hôpital guéris de leur souffrance physique mais profondément blessés par l'attitude indifférente et froide du personnel? Combien d'autres reviennent d'une consultation avec le psychiatre, la psychologue, la travailleuse sociale ou l'un ou l'autre conseiller, irrités et heurtés par l'attitude distante et la réserve toute professionnelle dont ils ont été l'objet?

Il est facile, vraiment trop facile de pointer un doigt accusateur vers les professions d'aide. Ceux qui les exercent sont les premiers à admettre leur difficulté à demeurer ouverts et réceptifs avec leurs patients. Dans notre société technocratique, les rationalisations ont beaucoup dépersonnalisé la dimension interpersonnelle des professions d'aide et les exigences accrues obligent souvent celui qui veut guérir à garder une certaine distance émotionnelle pour ne pas s'engager outre mesure avec ses patients.

Pourtant, même dans ce contexte difficile, celui et celle qui veulent aider autrui doivent tendre à une spiritualité qui permet d'éviter toute tension entre les personnes et, au contraire, de créer cet espace où patient et thérapeute puissent se rejoindre comme des compagnons de voyage partageant la même condition humaine blessée.

Dans la perspective d'une spiritualité chrétienne, il importe de souligner que chaque personne humaine est appelée à guérir autrui. Quoique les études exigées par plusieurs professions soient longues et ardues, on ne doit pas confier aux seuls spécialistes la mission de guérir. En fait, les spécialistes conserveront un peu d'humanité dans leur tâche s'ils conçoivent leurs professions comme un service qu'ils rendent, non à la place des autres membres du peuple de Dieu, mais eux-mêmes en tant qu'ils appartiennent à ce peuple. Chacun de nous peut offrir aux autres qu'il accueille un peu de santé, et chacun de nous est aussi un être fragile qui a besoin de secours. Seule cette prise de conscience empêchera les professionnels de devenir des techniciens froids et distants et ceux et celles qu'ils soignent de se sentir exploités ou manipulés.

Les dangers de la spécialisation ne sont pas dus tant aux spécialistes qu'à ceux qui ne le sont pas et qui sous-estiment leur propre potentiel humain; ils s'empressent de recourir aux détenteurs de diplômes, laissant ainsi en friche leur pouvoir créateur. Mais lorsqu'il est clair que la guérison suppose d'abord qu'on «fasse place à l'étranger», alors on comprend que les chrétiens et les chrétiennes pourraient et devraient offrir cette forme si nécessaire d'hospitalité.

Alors que j'enseignais dans une faculté professionnelle, j'ai été surchargé par les demandes de *counselling*. Il y avait déjà plusieurs conseillers à temps plein, mais eux aussi étaient étouffés de travail et auraient à demander de l'aide avant longtemps. Mais au cours des deux années où j'ai vécu avec ces étudiants, j'en suis venu à me demander si les étudiants eux-mêmes n'ignoraient pas leurs propres talents pour les relations interpersonnelles. Au cours des échanges en classe, des fêtes ou même dans les rencontres de *counselling*, j'ai détecté et même rencontré une compassion, une ouverture aux autres, un réel intérêt, une oreille attentive, un sens du partage et bien d'autres dons qui se manifestaient rarement dans la communauté étudiante elle-même. J'ai tout à coup pris conscience que si plusieurs se plaignaient de l'isolement, d'une vie communautaire inexistante ou du climat impersonnel, ou encore exprimaient leur désir d'amitié, de soutien, de partage de leurs expériences, rares étaient ceux qui mettaient à la disposition de leurs compagnons d'étude les dons qui auraient contribué à les guérir. Par crainte ou par manque de confiance en soi, ils cachaient leurs dons les plus précieux.

Nous sommes souvent en mesure de nous apporter les uns aux autres beaucoup plus que nous ne le croyons. Un jour, le psychiatre Karl Menninger demanda aux résidents en psychiatrie quelle partie du traitement d'un malade mental était la plus importante. Les uns répondirent la relation thérapeutique avec le médecin; d'autres, les recommandations pour un meilleur suivi; d'autres encore, l'ordonnance des bons médicaments ou encore le contact régulier avec la famille quand le séjour à l'hôpital prend fin, et bien d'autres réponses encore. Mais Karl Menninger les refusa les unes après les autres. Le plus important, c'est le diagnostic; c'est la tâche première de tout thérapeute: faire le bon diagnostic. Sans un diagnostic exact, tout traitement subséquent est voué à l'échec. Ou pour le dire encore mieux: le diagnostic est le début du traitement. Quand Karl Menninger s'adressait à un groupe de futurs psychiatres, il voulait évidemment dire que les étudiants devaient accorder le plus grand soin à acquérir des compétences diagnostiques. Mais quand on donne au mot diagnostic son sens le plus original et le plus profond, qui est de connaître (*gnosis*) de part en part (*dia*), on saisit que l'aspect primordial et indispensable de toute thérapie consiste à faire l'effort de connaître les patients à fond, avec leurs joies et leurs douleurs, leurs plaisirs et leurs tristesses, les hauts et les bas qui ont modelé leur vie et les ont conduits au point où ils en sont. Faire face à la douleur des gens, comme à la sienne propre, n'est pas chose facile. Nous aimons bien prendre des raccourcis au cours de nos voyages, et de la même façon nous sommes prêts à offrir conseils et thérapie aux autres à condition de ne pas vraiment connaître les blessures qu'il faut guérir.

Mais c'est en acceptant de connaître l'autre tel qu'il est qu'on peut vraiment l'atteindre et l'aider à guérir. La guérison suppose donc, tout d'abord, qu'on dégage cet espace libre et chaleureux où ceux et celles qui souffrent trouvent quelqu'un à qui raconter leur histoire, quelqu'un qui les écoute en accordant toute son attention. Il est regrettable que cette écoute soit parfois traitée comme une technique. On dit: «Donnez-lui une chance de se vider le cœur. Ça lui fera du bien.» Et on dit de l'écoute qu'elle provoque une «catharsis», on suggère que «se débarrasser de ses ennuis», se mettre à nu aura de soi un effet libérateur. Mais l'écoute est un art à développer, et non une technique qu'on utilise comme un outil pour desserrer des boulons. Il y faut la présence pleine, entière et réciproque des personnes concernées. Au fait, c'est une très haute forme d'hospitalité.

Comment l'écoute pour connaître l'autre de part en part peut-elle être un tel apport à la guérison? Parce que, grâce à elle, des étrangers se familiarisent avec le pays à traverser et découvrent petit à petit la direction qu'ils veulent adopter. Nous sommes trop nombreux à ne plus rien ressentir devant notre propre histoire et à percevoir notre vie comme une série erratique d'événements sur lesquels nous n'exerçons aucun contrôle. Quand notre attention est attirée hors de nous et se laisse absorber par tout ce qui se passe autour, nous devenons étrangers à nous-mêmes et n'avons plus d'histoire à raconter ou à poursuivre.

Guérir signifie tout d'abord permettre aux étrangers de s'approprier leur propre histoire, d'y devenir sensibles et soumis. Ceux et celles qui veulent aider les autres à guérir deviendront des étudiants qui veulent apprendre et leurs patients des maîtres qui veulent enseigner. C'est en préparant leur cours, en mettant leurs idées en ordre pour les présenter aux élèves que les enseignants approfondissent leur matière; de même, les patients comprennent leur propre histoire en la racontant à quelqu'un qui veut bien l'entendre. Les «thérapeutes» sont des hôtes qui écoutent patiemment et attentivement l'histoire d'un étranger qui souffre. Les patients, de leur côté, sont des invités qui se découvrent eux-mêmes en racontant leur histoire à la personne qui leur ouvre une demeure. Au fil de ce récit, les étrangers se lient d'amitié avec leur hôte et avec leur propre passé.

Ainsi, aider à guérir consistera à recevoir et à comprendre à fond l'histoire de ces étrangers pour qu'ils reconnaissent dans le regard de leur hôte la voie unique qui les a conduits au moment présent et qui leur suggère la direction à prendre. Le récit peut être pénible à raconter, plein de déceptions et de frustrations, plein de déviations et de moments de stagnation, mais c'est la seule histoire qu'ait vécue l'étranger, car c'est la sienne, et il n'y aura pas d'espoir pour l'avenir si le passé n'est pas avoué, reçu et compris. Nous sommes souvent paralysés par la crainte que nous inspirent les événements secrets de notre histoire.

Si nous voulons aider à guérir, nous devons accueillir l'histoire de nos semblables avec un cœur plein de compassion, un cœur qui ne juge pas ni ne condamne, mais qui trouve des ressemblances entre l'histoire des autres et la nôtre. Nous devons offrir des balises sûres où le passé souvent douloureux puisse se révéler et la recherche d'une nouvelle vie s'amorcer.

Le plus grand défi pour ceux et celles qui veulent aider à guérir n'est pas: «Que vais-je dire ou faire?» mais plutôt: «Comment dégager un assez vaste espace intérieur pour accueillir l'histoire des autres?» Aider à guérir est l'humble et très exigeante tâche qui consiste à ouvrir et offrir un espace libre et amical où les étrangers puissent considérer leur peine et leur souffrance sans crainte et retrouver la confiance qui leur fera découvrir des chemins nouveaux, au cœur même de leur confusion.

Ceci ne veut pas dire que les professionnels de la guérison soient moins importants. Au contraire. Un hôte attentif qui sait écouter est le premier à reconnaître quand l'aide professionnelle est nécessaire. La plupart des spécialistes apprécieront, en fait, l'intervention de ceux et celles qui ont écouté leurs prochains tourmentés avec compassion, qui ont perçu leur besoin d'une aide spéciale et les ont orientés avant que leur souffrance ne s'aggrave. Par ailleurs, un climat général d'attention compatissante de la part des membres d'une communauté chrétienne peut parfois aider à guérir un être blessé avant qu'il n'ait besoin de soins spécialisés.

Réceptivité et confrontation

Comme parents et enfants, éducateurs et élèves, thérapeutes ou patients, nous tentons tous de nous rejoindre de différentes façons. Dans les trois types de relations, toutefois, le concept d'hospitalité peut nous aider à comprendre que nous ne sommes pas appelés à nous posséder les uns les autres, mais à nous servir et à créer des espaces propices.

Au cours de la discussion sur ces trois types de relations comme exercice de l'hospitalité, l'accent a été mis sur la réceptivité. Car l'autre doit être reçu dans un espace libre et amical où il peut révéler ses dons et devenir notre ami. Vouloir atteindre les autres sans être réceptif fait plus de mal que de bien et conduit vite à la manipulation, voire à la violence, en pensée, en parole, en action. Une réceptivité vraie consiste à inviter l'autre chez soi à ses conditions et non aux nôtres. Quand on dit: «Tu peux être mon invité si tu crois ce que je crois, si tu penses et si tu agis comme moi», alors nous offrons l'amitié sous condition et moyennant compensation. De telles attitudes mènent tout droit à l'exploitation et font de l'hospitalité un simple commerce. Dans notre monde où les religions, les idéologies et les visions du monde sont de plus en plus en contact les unes avec les autres, il est plus important que jamais de prendre conscience que l'essentiel dans la spiritualité chrétienne est d'accueillir nos semblables chez nous sans leur imposer de partager nos points de vue, nos idées ou nos façons de faire en échange de notre amour, notre amitié et notre attention.

Point n'est besoin de chercher bien loin: tout le monde dans notre entourage immédiat ne partage pas nos points de vue et nos attitudes. Souvent, nos propres enfants, nos élèves, nos patients deviennent, au niveau des idéologies, des étrangers. Parfois, nous nous sentons coupables si nous n'essayons même pas de les gagner à nos positions; la plupart du temps, nous constatons qu'alors nous éveillons leur méfiance et leur colère de sorte qu'il est encore plus difficile de vivre en paix avec eux.

Mais la réceptivité n'est qu'un versant de l'hospitalité. L'autre versant, tout aussi important, est la confrontation. Être réceptif à l'autre ne veut pas dire que nous devions rester neutres. La vraie réceptivité appelle la confrontation, car un lieu d'accueil a forcément des frontières et les frontières sont des limites à l'intérieur desquelles nous définissons nos propres positions. Des limites souples, sans doute, mais néanmoins des limites. La confrontation est le résultat de la présence clairement définie de l'hôte à l'intérieur des frontières, où l'hôte peut offrir à l'étranger ses cadres de référence. Nous ne sommes pas hospitaliers si nous abandonnons notre maison aux étrangers et leur en laissons l'usage selon leur fantaisie. Une maison vide n'est pas une maison hospitalière. En fait, elle devient vite une maison fantôme où l'étranger est mal à l'aise. Au lieu de se débarrasser de ses peurs, l'invité devient angoissé, sursautant au moindre bruit. Pour être vraiment accueillants, nous devons non seulement recevoir les étrangers, mais aussi les confronter à une présence sans ambiguïté, sans nous réfugier derrière une attitude de neutralité, mais en faisant connaître clairement nos idées, nos convictions et notre style de vie. Aucun vrai dialogue n'est possible entre une personne et un rien-du-tout. Nous pouvons entrer en communication avec un autre lorsque nos choix de vie, nos attitudes, nos points de vue constituent des balises qui suscitent chez l'autre une prise de conscience de ses propres positions et qui l'invitent à les examiner avec un esprit critique.

En réaction à une évangélisation agressive, manipulatrice et souvent dégradante, nous hésitons parfois à faire connaître nos convictions religieuses et perdons ainsi le sens du témoignage. Même s'il semble parfois préférable d'approfondir notre engagement religieux plutôt que d'évangéliser les autres, il demeure central dans la spiritualité chrétienne de chercher à atteindre les autres par l'annonce de la Bonne Nouvelle et de leur parler sans fausse gêne de «ce que nous avons entendu, [et] vu de nos yeux, [de] ce

que nous avons contemplé et que nos mains ont touché»
(*1Jn* 1,1). La réceptivité et la confrontation sont les deux ver-
sants inséparables du témoignage chrétien. On doit les
maintenir attentivement en équilibre. La réceptivité sans la
confrontation engendre une neutralité qui ne rend service
à personne. Et la confrontation sans la réceptivité dégénère
en agression. Cet équilibre entre réceptivité et confrontation se retrouve à différents moments, selon notre situation
dans la vie. Mais dans toutes les situations, il y aura à
recevoir et à confronter.

Il peut être utile, au point où nous en sommes, de
préciser que confronter signifie davantage que de «dire ce
que l'on pense». Les paroles sont rarement la plus efficace
forme de confrontation. Nous communiquons souvent
beaucoup de choses avant d'avoir dit un mot.

Je suis toujours fasciné de constater à quel point les
nouveaux venus dans mon appartement l'observent avec
attention et passent des remarques sur les meubles, les reproductions et surtout sur ma bibliothèque. L'un remarquera la croix sur le mur, l'autre passera un commentaire
sur un masque amérindien, d'autres se demanderont comment Freud, Marx et la Bible peuvent coexister pacifique-
ment sur le même rayon. Chacun tente de se faire
une impression de ce lieu, tout comme moi quand je
pénètre pour la première fois dans l'espace intime de
quelqu'un.

Quand nous avons vécu un certain temps, les murs de notre vie portent l'empreinte de divers événements — mondiaux, familiaux et personnels — et celle de nos réactions à ces événements. Ces empreintes parlent à leur manière et conduisent souvent à un dialogue, parfois seulement au niveau du cœur, mais qui s'exprime parfois par des mots et des gestes. Voilà les situations où nous tentons de nous rejoindre les uns les autres: parents, enfants, éducateurs, étudiants, thérapeutes et patients. Tous, nous nous rencontrons sur la route de la vie, commençons à échanger et nous découvrons comme membres d'une vaste communauté tendue vers une destination commune.

CHAPITRE 6

L'hospitalité et l'hôte

Chez soi dans sa demeure

On ne peut évoquer le passage de l'hostilité à l'hospitalité sans parler du passage de l'isolement à la solitude. Tant qu'on est isolé, on ne peut être hospitalier parce qu'en s'isolant, on est incapable de créer de l'espace libre. Quand on a besoin de combler ses propres besoins en raison de l'isolement, on se cramponne aux autres au lieu de leur faire de la place.

Je me rappelle bien un étudiant universitaire qui avait été invité à vivre en pension dans une famille. Après quelques semaines, il a pris conscience qu'il se sentait prisonnier dans cette maison et, petit à petit, il s'est rendu compte qu'il était la victime du profond isolement de ses hôtes. Le mari et la femme étaient devenus des étrangers l'un pour l'autre et comptaient sur leur pensionnaire pour combler leur immense besoin d'affection. Les hôtes s'attachaient à cet étranger entré chez eux en espérant qu'il leur donnerait l'amour et la tendresse qu'ils ne pouvaient plus se donner. L'étudiant se trouva ainsi empêtré dans un filet de besoins et de désirs insatisfaits et se sentit enserré dans des murailles d'isolement. Il éprouva la pénible tension d'avoir à choisir entre deux êtres séparés l'un de l'autre. Il était constamment tiraillé par la cruelle question: À quel camp appartiens-tu? Pour qui prends-tu parti? Il ne se sentait plus libre d'aller et de venir comme il le voulait; il devint peu à peu incapable à la fois de se consacrer à ses études et d'offrir à ses hôtes l'aide qu'ils réclamaient. À la fin, il avait même perdu la liberté de quitter cette maison.

Cette histoire montre bien à quel point il est difficile de laisser à un étranger son espace vital quand il n'y a aucune solitude dans nos vies. Quand nous nous rappelons les endroits où nous nous sentions vraiment chez nous, nous constatons rapidement que c'est là où nos hôtes nous accordaient la liberté d'aller et venir à notre convenance et n'exigeaient pas que nous répondions à leurs besoins. On ne peut se refaire et trouver une vie nouvelle que dans un espace ouvert. L'hôte véritable nous offre un tel espace où la crainte n'a pas droit de cité et où l'on peut entendre ses voix intérieures et trouver sa propre façon d'atteindre sa pleine stature humaine. Mais encore faut-il que l'hôte soit d'abord chez lui dans son propre univers.

Le pauvre est un bon hôte

Dans la mesure où notre isolement se transforme en solitude, nous pouvons passer de l'hostilité à l'hospitalité. Évidemment, ce n'est pas une question de chronologie. Les mouvements complexes et subtils de la vie intérieure ne se distinguent pas aussi clairement. Cependant, il reste que l'isolement conduit souvent à des comportements hostiles, alors que la solitude est un contexte favorable à l'hospitalité. Quand nous nous sentons isolés, notre désir d'être appréciés et aimés est si fort que nous devenons très sensibles aux multiples signaux de notre environnement et facilement hostiles à l'endroit de ceux dont nous nous croyons rejetés. Mais lorsque nous découvrons dans notre propre cœur le centre de notre vie et que nous acceptons notre solitude non comme une fatalité mais comme une vocation, alors nous pouvons offrir aux autres la liberté. Quand nous renonçons à être totalement comblés, nous pouvons faire le vide pour les autres. Quand nous devenons pauvres, alors nous pouvons être un bon hôte. Voilà le paradoxe de l'hospitalité: la pauvreté fait le bon hôte. Car la pauvreté est une disposition intérieure qui fait tomber les défenses et convertit les ennemis en amis. Aussi longtemps que nous aurons quelque chose à défendre, nous verrons en l'étranger un ennemi. Mais quand nous sommes prêts à dire: «Entrez, je vous en prie — ma maison est votre maison, ma joie est votre joie, ma peine est votre peine et ma vie est votre vie», alors nous n'avons plus rien à défendre, car nous n'avons rien à perdre, mais tout à donner.

Tendre l'autre joue signifie montrer à nos ennemis qu'ils ne peuvent l'être que parce qu'ils croient que nous nous cramponnons à quelque bien: notre science, notre réputation, notre propriété, notre argent ou toutes les choses que nous avons accumulées. Mais qui voudrait nous voler quand tout ce qu'on pourrait vouloir prendre devient un cadeau à offrir? Qui peut nous mentir quand seule la vérité lui sera utile? Qui veut forcer la porte arrière quand la porte avant est grande ouverte?

Oui, la pauvreté fait le bon hôte. Cette affirmation paradoxale gagne à être mieux expliquée. Pour pouvoir tendre la main aux autres en toute liberté, deux formes de pauvreté sont importantes: la pauvreté d'esprit et la pauvreté du cœur.

La pauvreté d'esprit

Celui dont la pensée est pleine d'idées, de concepts, d'opinions et de convictions ne peut pas être un bon hôte. Il n'y a plus en lui d'espace intérieur pour écouter, pas d'ouverture pour découvrir le don de l'autre. Il est facile de saisir comment celui «qui sait tout» peut étouffer la conversation et mettre un frein à un échange d'idées. Comme attitude spirituelle, la pauvreté d'esprit est la volonté de reconnaître que le mystère de la vie est inpénétrable. Plus nous mûrissons, plus nous savons renoncer à notre désir de saisir, de comprendre la totalité de la vie et plus nous sommes disposés à laisser la vie pénétrer en nous.

La préparation pour le sacerdoce — ou pour un autre ministère — en fournit un bon exemple. Se préparer à servir, c'est se préparer à une *docte ignorance*. Il s'agit là d'une situation difficile à accepter pour des gens qui veulent gérer et contrôler le monde. Nous voulons tous être savants, afin de bien maîtriser les situations et de pouvoir faire fonctionner toutes choses selon nos besoins. Mais se préparer au sacerdoce ne consiste pas à maîtriser Dieu, mais bien à être maîtrisé par Lui.

Je me rappelle l'histoire de ce pasteur méthodiste d'une trentaine d'années qu'on avait envoyé en Afrique du Sud. Il s'était senti appelé au ministère et avait été accepté par son Église. On l'envoya, sans formation théologique, travailler dans une paroisse pour assister le pasteur. Il était si convaincu de la valeur de ses intuitions et de son expérience, son enthousiasme et sa ferveur étaient si intenses qu'il prononçait sans aucun problème de longs sermons et d'éloquentes conférences. Après deux ans, on le rappelle et il entre au séminaire. En réfléchissant à son séjour au séminaire, il se disait: «Durant ces années d'étude, j'ai lu les œuvres de bien des théologiens, des philosophes et des romanciers. Et alors qu'auparavant tout me semblait clair et évident, j'ai perdu aujourd'hui beaucoup de mes certitudes, je me pose une foule de questions et je suis bien moins sûr de moi et de mes vérités.» D'une certaine façon, au cours de ces années, il avait désappris plutôt qu'appris et, à son retour au ministère, il était moins enclin à parler et beaucoup plus à écouter.

Cette histoire montre bien que les ministres bien formés ne pourront pas vous dire très précisément qui est Dieu, où se trouvent le bien et le mal ni comment cheminer en toute sûreté d'ici-bas vers l'autre monde, mais en raison de leur docte ignorance, ils seront libres d'écouter la voix de Dieu dans les paroles de leurs interlocuteurs, dans les événements de chaque jour et dans les livres qui racontent les expériences de vie des hommes et des femmes d'autres lieux et d'autres temps. Bref, cette ignorance éclairée rend apte à accueillir avec toute l'attention nécessaire la parole des autres et du Tout Autre. Telle est la pauvreté d'esprit. Elle exige le constant refus d'identifier la Parole de Dieu à quelque concept, théorie, document ou événement, afin qu'aucun humain ne devienne un fanatique ou un exalté, mais que chacun grandisse toujours en douceur et en réceptivité.

Ce qui vaut pour le sacerdoce vaut aussi pour d'autres formes de service. Dans leur vie et leur travail quotidien, les psychiatres, psychologues, travailleurs sociaux et autres conseillers utilisent une grande part de leurs habiletés à l'écoute attentive, avec ou sans instruments, et dans un souci constant de ne pas faire obstacle à leurs patients. Une pauvreté d'esprit délibérée permet à ces professionnels d'enrichir constamment leur savoir auprès de ceux-là mêmes qu'ils aident. Ceci n'amoindrit en rien l'importance d'une aide bien concrète et visible ni l'urgence de renouveler les structures afin de pallier la faim, la soif, le dénuement dont souffrent des millions de personnes. Bien au contraire. Lorsque nous travaillons pour les démunis dans un esprit de réceptivité et de gratitude, notre aide peut être acceptée sans honte. Bien des gens plongés dans la détresse physique, mentale ou spirituelle se disent prêts à refuser toute aide et préserver leur dignité que de l'accepter en étant réduits à l'état de mendiants ou d'esclaves.

La pauvreté du cœur

Le bon hôte est non seulement pauvre d'esprit, mais aussi pauvre de cœur. Dans un cœur plein de préjugés, de soucis et de jalousies, il y a bien peu de place pour l'étranger. Dans un environnement où règne la peur, il est difficile de garder le cœur ouvert à la vaste gamme des expériences humaines. La véritable hospitalité, pour sa part, n'exclut rien, mais elle s'ouvre à une grande variété d'expériences. Ici encore, l'exemple du ministère pastoral peut montrer la valeur de cette forme de pauvreté. Bien des gens affirment avoir eu une expérience religieuse qui leur a montré le chemin vers Dieu. Souvent, cette expérience est si intense qu'il n'est pas possible pour cette personne d'accepter que son expérience ne soit pas nécessairement *l'expérience par excellence*. Dieu ne peut pas être «saisi» ou «compris» par une idée, une notion ou une conviction précises; il ne peut pas davantage être défini par un sentiment ou une émotion uniques. Dieu ne se confond pas avec des sentiments chaleureux à l'égard du prochain, ou avec une douce émotion du cœur, ou avec des extases, des élévations du corps ou encore la capacité de manipuler des serpents. Dieu n'est pas uniquement nos bons désirs, notre ferveur, notre générosité ou notre amour. Ces expériences du cœur peuvent nous rappeler la présence de Dieu, mais leur absence ne prouve pas l'absence de Dieu. Car Dieu n'est pas seulement plus grand que notre esprit, il est aussi plus grand que notre cœur, et de même que nous devons fuir la tentation de le rapetisser à la mesure de nos concepts étriqués, nous devons éviter de le réduire à nos sentiments étroits.

Dans toutes les professions d'aide, comme dans le ministère pastoral, on doit constamment se rappeler qu'un cœur enflé est aussi dangereux qu'un esprit boursouflé. Car le cœur enflé rend très intolérant. Mais quand nous acceptons de renoncer à faire de notre expérience limitée le critère de notre relation avec les autres, nous pouvons nous rendre compte que la vie est plus vaste que notre vie, l'histoire plus vaste que notre histoire, l'expérience humaine plus profonde que notre expérience et Dieu plus grand que notre Dieu. Telle est la pauvreté de cœur qui fait le bon hôte. Avec un cœur pauvre, nous pouvons accueillir l'expérience des autres comme un cadeau. Leurs histoires se lient à la nôtre, leurs vies confèrent une signification nouvelle à la nôtre, et leur Dieu communique avec le nôtre dans une révélation réciproque.

Johannes Metz décrit bien cette disposition du cœur:

> Il est indispensable, en effet, que nous sachions nous faire «petits», nous oublier, nous effacer, afin que «l'autre» puisse réellement nous rejoindre dans son individualité. Il importe que nous le laissions être «soi-même», que nous le libérions selon ses caractéristiques individuelles, qui parfois nous feront tressaillir, nous réveillerons nous-mêmes, nous obligeant ainsi à une douloureuse métamorphose. [...] Trop souvent il arrive que nous l'empêchions de se manifester, ne laissant passer à travers le filtre que représente à cet égard notre propre existence que ce «qui nous agrée» en autrui. Toutes les fois que nous succombons à cette tentation, il est impossible à cet «autre» de se manifester dans la rencontre selon le mystère béatifiant et «salutaire» de son être individuel: c'est nous-mêmes uniquement que nous rencontrons alors. Ce faisant, nous paierons du prix d'un cuisant isolement le refus de vivre la pauvreté de la rencontre, en la défigurant jusqu'à en faire une occasion d'affirmation et d'adoration désespérées de notre «moi». Une expérience négative de ce genre nous réduit à devenir comme l'ombre de nous-mêmes, un phantasme démoniaque de notre être-humain authentique: ce dernier ne pouvant atteindre le rayonnement de son épanouissement essen-

tiel, que s'il consent humblement à s'ouvrir à l'autre «au risque de se perdre» à cause de lui[24].

La pauvreté de cœur fonde la communauté, car ce n'est pas dans l'autosuffisance que le mystère de la vie se dévoile à nous, mais dans l'interdépendance créatrice.

Se glorifier de ses faiblesses

L'hospitalité requiert donc la pauvreté, pauvreté d'esprit et pauvreté de cœur. Nous comprendrons mieux alors la nécessité d'une «formation» à l'hospitalité. Il existe de nombreux programmes de formation pour toutes sortes de services. Mais il nous arrive rarement de considérer ces programmes comme nous formant à la pauvreté volontaire. Au contraire, nous voulons devenir mieux outillés et plus compétents. Nous voulons acquérir des «outils de travail». Mais se former à sevrir autrui requiert un processus ardu et souvent pénible de dépouillement. Il faut en effet offrir un chemin sans «être dans le chemin». Et si l'on doit apprendre des méthodes, des techniques ou des habiletés, ce sera principalement pour labourer le terrain, couper les mauvaises herbes, émonder les branches, en un mot pour enlever les obstacles à l'authentique croissance et au développement. On ne suit pas un tel apprentissage pour s'enrichir,

---

24. Johannes-B. Metz, *L'Avent de Dieu (I. L'Avent de Dieu; II. La pauvreté en esprit)*, traduit de l'allemand par Anne-Marie Seltz, préface de Karl Rahner, s.j., Paris, Éditions de l'Épi, 1967, p. 102-103. Voir aussi *Mt* 10,39.

mais pour s'appauvrir volontairement; pour se satisfaire, mais pour se vider de soi-même; pour conquérir Dieu, mais plutôt pour s'abandonner à son pouvoir salvifique. Dans le monde contemporain, qui proclame l'importance du pouvoir et de l'influence, comme il est difficile d'accepter cela. Mais dans ce monde, il est important que quelques voix persistent à affirmer que s'il faut se glorifier de quelque chose, il faut se glorifier de nos faiblesses. Notre plénitude c'est d'offrir notre vide, notre utilité consiste à être inutile et notre pouvoir, à être faibles. Au centre même du message chrétien, on découvre que Dieu ne s'est pas révélé comme l'Autre puissant et inapprochable qui sait tout, qui peut tout et qui est partout. Dieu est plutôt venu à nous en Jésus Christ qui «n'a pas considéré comme une proie à saisir d'être l'égal de Dieu. Mais il s'est dépouillé, [...] devenant semblable aux hommes, et reconnu à son aspect comme un homme, il s'est abaissé, devenant obéissant jusqu'à la mort, à la mort sur une croix.» (*Ph* 2,6-8) C'est donc Dieu lui-même qui nous révèle le cheminement de notre vie spirituelle. Ce n'est pas le mouvement de la faiblesse vers le pouvoir, mais le cheminement par lequel nous devenons de moins en moins craintifs et sur la défensive et de plus en plus ouverts à l'autre et à son univers, même quand cela conduit à la souffrance et à la mort.

Alors que le passage de l'isolement à la solitude nous fait atteindre notre moi le plus intérieur, le mouvement de l'hostilité à l'hospitalité nous fait tendre vers les autres. Le mot hospitalité nous a servi à mieux saisir la nature d'une relation chrétienne mature avec nos semblables. Les expressions créer de l'espace, réceptivité et confrontation, pauvreté d'esprit et de cœur ont servi à montrer que la spiritualité du chrétien n'est pas seulement enracinée dans la réalité quotidienne, mais qu'elle la dépasse aussi parce qu'elle compte sur la grâce de Dieu. Aider, servir, se soucier des autres, guider et guérir, ces mots ont voulu exprimer la tension vers le prochain par quoi on voit que la vie est un cadeau qu'on ne possède pas, mais qu'on partage.

Et ceci nous conduit finalement à l'aspect le plus important et le plus difficile de la vie spirituelle: notre relation avec Celui qui donne. Nous avons déjà évoqué Dieu, à mesure que nous passions de l'isolement à la solitude et de l'hostilité à l'hospitalité. Cependant, il s'agissait alors de répondre à la question: Comment rejoindre notre moi le plus intérieur et nos semblables? Mais pouvons-nous atteindre Dieu, source et dispensateur de notre vie et de la vie de notre prochain? S'il faut répondre non, alors la solitude et l'hospitalité restent un vague idéal dont on peut s'entretenir, mais qui reste irréel dans la vie quotidienne. Par conséquent, le mouvement de l'illusion à la prière est le plus crucial dans la vie spirituelle: il sous-tend tout ce qui a été dit jusqu'à maintenant.

Tendre vers Dieu

Le troisième mouvement:
de l'illusion à la prière

CHAPITRE 7

La prière et la mortalité

Une réalité difficile à saisir

Quoiqu'il soit plus facile, à la lumière de nos expériences quotidiennes, d'identifier l'isolement et l'hostilité que de prendre conscience de la nature illusoire de plusieurs de nos efforts, c'est seulement dans la lutte permanente pour démasquer les illusions de notre existence qu'une véritable vie spirituelle est possible. Pour convertir notre isolement criant en une solitude silencieuse et créer un lieu paisible où les étrangers peuvent se sentir chez eux, il nous faut le désir et le courage de tendre, bien au-delà des limites de notre existence fragile et soumise à la mort, vers notre Dieu aimant en qui toute vie est enracinée. Le silence de la solitude, c'est le silence de la mort quand il ne nous rend pas attentifs à une nouvelle voix qui parle au-delà du bavardage humain. Quand personne ne part en voyage vers une destination précise, l'hospitalité ne mène qu'à un foyer où l'on s'entasse.

La solitude et l'hospitalité ne peuvent porter de fruits durables que si elles sont enracinées dans une réalité plus large, plus profonde et d'un ordre plus élevé, dont elles tirent leur vitalité. Nous avons tenu pour acquis cette réalité et l'avons effleurée çà et là dans notre description des deux premiers mouvements de la vie spirituelle. Mais s'ils sont dits les premiers, c'est que nous les reconnaissons plus rapidement et que nous nous identifions plus facilement à eux, et non parce qu'ils sont les plus importants. En fait, nous ne pouvons les décrire et les approfondir que parce qu'ils sont enracinés dans le mouvement le plus fondamental de la vie spirituelle: le mouvement de l'illusion à la prière. C'est par ce mouvement que nous tendons vers Dieu, notre Dieu, celui qui est réalité éternelle et de qui procède toute réalité. Le mouvement de l'illusion à la prière soutient et rend possibles les mouvements de l'isolement à la solitude et de l'hostilité à l'hospitalité, et il nous conduit au cœur même de la vie spirituelle.

Ce premier et dernier mouvement est à ce point central dans notre vie spirituelle qu'il est très difficile de le toucher du doigt, de le saisir, de le retenir ou même de l'approcher. Non que ce mouvement soit vague et irréel, mais il est si près de nous que nous avons peine à prendre la distance nécesssaire pour le décrire et le comprendre.

Peut-être est-ce pour cette raison que les réalités les plus profondes de la vie sont souvent réduites à des banalités.

Les interviews avec des moines qui ont consacré leur vie à la prière et à la solitude et qui sont animés d'un amour brûlant pour Dieu donnent lieu à des articles ridicules portant sur des changements aux règlements ou sur des usages en apparence bizarres. Les considérations sur le «pourquoi» de l'amour, du mariage, du sacerdoce ou sur quelque décision fondamentale consistent habituellement en platitudes insignifiantes, en bégaiements et haussements d'épaules. Non que ces questions soient banales, mais les vraies réponses sont trop profondes et trop près de notre être le plus intime pour s'exprimer en mots humains.

Peut-être pouvons-nous tirer une leçon à cet égard du funambule Philippe Petit! Après avoir été arrêté par la police pour avoir marché sur une corde que lui et ses amis avaient tendue entre deux tours du World Trade Center à New York, il fut amené à l'hôpital pour un examen psychiatrique. Les psychiatres le trouvèrent tout à fait sain d'esprit et de bonne humeur. Aussi lui demandèrent-ils: «Mais pourquoi... pourquoi voulez-vous marcher sur une corde tendue entre les deux tours les plus élevées de la ville et risquer votre vie?» Philippe Petit, d'abord plutôt embarrassé par la question, répondit: «Bien... si je vois trois oranges, je dois jongler avec elles, et si je vois deux tours, je dois marcher de l'une à l'autre.»

Cette réponse révèle tout. Ce qui est le plus évident, le plus près de notre nature ne requiert pas d'explication.

Qui demande à un enfant pourquoi il joue avec une balle, ou à un funambule pourquoi il marche sur sa corde, ou encore à un amoureux pourquoi il aime[25]?

Il est toujours très difficile d'exprimer et d'expliquer ce qui nous touche le plus. Cela vaut non seulement pour les amoureux, les artistes et les funambules, mais aussi pour ceux qui prient. Si la prière est l'expression d'une relation très intime, c'est aussi le sujet le plus difficile à traiter sans verser dans les banalités et les platitudes. La prière apparaît facilement comme un acte superflu et une superstition, alors qu'il s'agit du plus humain de tous les actes humains.

C'est pourquoi nous devons continuer à parler de la prière, comme nous continuons à parler d'amour et d'amants, d'art et d'artistes. Car si nous ne restons pas en contact avec ce centre de notre vie spirituelle qu'est la prière, nous perdons contact avec tout ce qui naît et grandit dans la prière. Quand nous n'entrons pas dans ce champ intérieur de tension où prend place le mouvement de l'illusion à la prière, notre solitude et notre hospitalité perdent facilement toute profondeur. Et alors, au lieu d'être essentielles à notre vie spirituelle, elles deviennent les ornements pieux d'une existence moralement respectable.

---

25. *New York Times*, 11 août 1974, Section 4, p. 18. (Nous traduisons.)

La prière et la mortalité

L'illusion de l'immortalité

Le plus grand obstacle à notre entrée dans cette dimension profonde de la vie où notre prière prend place, c'est l'illusion envahissante de notre immortalité. Au premier abord, il semble improbable, voire absurde, que nous soyons prisonniers d'une telle illusion, puisque nous demeurons par ailleurs très conscients de notre mortalité. Qui croit vraiment être immortel? Mais les deux premiers mouvements de notre vie spirituelle nous ont déjà révélé que les choses ne sont pas si simples. Chaque fois que nous cherchons anxieusement un autre être humain pour briser les chaînes de notre isolement, et chaque fois que nous construisons de nouvelles défenses pour protéger notre vie telle une propriété inaliénable, c'est que nous sommes le jouet de l'illusion tenace de l'immortalité. Même si nous nous répétons et répétons aux autres que nous ne vivrons pas éternellement et que nous mourrons bientôt, nos actions quotidiennes, nos pensées et nos préoccupations trahissent sans cesse notre incapacité à croire à notre mortalité.

Des faits sans importance, en apparence innocents, nous rappellent sans cesse avec quelle facilité nous conférons l'immortalité à notre univers et à nous-mêmes. Un seul mot hostile, et nous nous sentons tristes et seuls. Un geste de rejet, et nous nous apitoyons sur nous-mêmes. Un échec important dans notre travail, nous nous laissons miner par la dépression. Même si nous avons appris de nos parents, professeurs et amis et par nos lectures, sacrées et profanes, que nous valons infiniment plus que le monde ne veut bien l'admettre, nous continuons à donner une valeur éternelle à nos possessions, aux personnes de notre connaissance, à nos plans et aux succès que nous «collectionnons». En réalité, un petit accroc suffit à mettre au jour notre illusion d'immortalité et à nous faire réaliser à quel point nous sommes devenus les victimes de l'illusion que nous sommes «en contrôle». Tous ces sentiments de tristesse, de découragement et même de profond désespoir ne sont-ils pas intimement liés à l'importance exagérée que nous avons attribuée aux personnes de notre entourage, aux idées que nous véhiculons et aux événements auxquels nous participons? Cette incapacité à prendre du recul — ce qui tue l'humour dans notre vie — peut être à l'origine d'une dépression étouffante qui nous empêche de voir au-delà de l'horizon limité de notre propre existence.

La sentimentalité et la violence

Pour mieux comprendre notre grande illusion, il peut être utile d'en décrire deux des symptômes les plus visibles: la sentimentalité et la violence. Ces deux types de comportement, en apparence fort différents, peuvent s'expliquer, dans une perspective spirituelle, comme découlant de l'illusion de l'immortalité.

La sentimentalité fait souvent son apparition quand les relations intimes deviennent un «poids mort» et que les personnes s'accrochent l'une à l'autre avec un sérieux pres-

148

que suicidaire. Quand nous accablons nos compagnons humains d'attentes démesurées, la séparation ou la menace d'une séparation peut libérer des sentiments incontrôlables.

En Hollande, au cours d'une marche annuelle pour la paix regroupant trois mille élèves du secondaire qui échangent et marchent ensemble pendant trois jours, les leaders furent surpris par la sentimentalité exacerbée marquant l'interaction entre les marcheurs. Pour ces Hollandais habituellement plutôt réservés, se tenir par la main était l'expérience la plus importante de leur vie, et, à l'heure du départ, on vit une gare remplie de filles et de garçons en larmes se serrer mutuellement dans leurs bras. Dans la réflexion qui suivit la marche, certains marcheurs se demandèrent même comment ils pourraient jamais connaître le bonheur après avoir vécu un tel sentiment de communion. Quoique éloignés des paroles et des rites religieux de l'Église qui les avait convoqués à la marche, ce puissant sentiment de communion avait éveillé en eux des émotions puissantes et angoissantes.

C'est dire comment la sentimentalité peut naître de fausses attentes dans les relations humaines intimes. Cette intimité peut conduire à la dépression et au désespoir quand elle porte le masque de l'immortalité. Quand nous ne pouvons pas regarder au-delà des frontières de la communion humaine et ancrer nos vies en Dieu, source de toute intimité, il est difficile de renoncer à l'illusion de l'immortalité et d'être ensemble sans se noyer dans une mare de sentimentalité.

Mais la sentimentalité n'est qu'une face de l'illusion d'immortalité. La violence en est l'autre face. D'ailleurs, il n'est pas si étrange de retrouver réunies chez la même personne la sentimentalité et la cruauté. L'image de Hitler ému aux larmes par un petit enfant reste gravée dans la mémoire de nombreux témoins de ses cruautés implacables. L'illusion qui peut conduire aux larmes dans une situation peut, dans une autre situation, conduire à la torture. L'histoire suivante le démontre avec toutes ses conséquences.

Pendant la Deuxième Grande Guerre, un évêque luthérien emprisonné dans un camp de concentration allemand fut torturé par un officier S.S. qui voulait lui arracher des aveux. Dans une petite pièce, les deux hommes se faisaient face, l'un infligeant à l'autre des tortures de plus en plus intenses. L'évêque, qui avait un niveau étonnant de résistance à la douleur, ne réagissait pas à la torture. Toutefois, son silence enrageait tellement l'officier qu'il frappa de plus en plus fort sa victime pour enfin éclater et s'écrier: «Mais ne savez-vous pas que je peux vous tuer?» L'évêque regarda son tortionnaire dans les yeux et dit lentement: «Oui, je sais; faites ce que vous voulez, je suis déjà mort.» À ce moment précis, l'officier S.S. fut incapable de lever son bras et perdit tout pouvoir sur sa victime. Il semblait paralysé, incapable de toucher l'évêque. Toutes ses cruautés lui avaient été inspirées par la supposition que la victime tiendrait à sa vie comme à son bien le plus précieux et qu'il serait sans doute prêt à passer aux aveux pour la sauver.

Mais la violence ayant perdu sa raison d'être, la torture était devenue une activité ridicule et futile.

Cette anecdote nous révèle que comme la sentimentalité, la violence est un symptôme de l'illusion que nos vies nous appartiennent. Nos relations humaines dérivent facilement vers la violence et la destruction quand nous traitons nos vies et celles des autres comme des biens à défendre ou à conquérir et non comme des dons à recevoir. Nous voyons souvent les germes de la violence au centre d'une relation intime. En effet, elles sont très fragiles, les frontières entre embrasser et mordre, caresser et gifler, entendre et surprendre une conversation, regarder avec affection et regarder d'un air soupçonneux. Quand l'illusion secrète de l'immortalité se met à dominer dans une relation intime, il s'en faut de peu pour que notre désir d'être aimé se transforme en violence avide. Quand nos besoins inassouvis nous conduisent à exiger de nos semblables ce qu'ils ne peuvent nous donner, nous faisons d'eux des idoles et de nous des démons. En demandant plus qu'une réponse humaine, nous sommes tentés d'agir de façon moins qu'humaine. Quand nous agissons dans l'illusion que le monde nous appartient comme un bien personnel dont personne ne peut jamais nous déposséder, nous devenons une menace l'un pour l'autre et nous rendons irréalisable toute intimité.

Pour parvenir à une intimité authentiquement nonviolente, nous devons démasquer notre illusion d'immortalité, accepter pleinement la mort comme notre destinée humaine et tendre, au-delà des limites de notre existence, vers notre Dieu qui nous a fait «renaître» dans son intimité.

L'idolâtrie de nos rêves

Les illusions sont plus fortes que nous ne le voudrions. Même si au réveil nous disons que tout est mortel, que nous ne possédons rien pour toujours, et même si nous pouvons développer un sens intérieur profond de la valeur inestimable de la vie, nos rêves éveillés et les songes de la nuit créent sans cesse des images d'immortalité. Quand nous nous sentons comme un petit enfant pendant le jour, notre esprit frustré est trop heureux de nous transformer en héros plus grands que nature dans nos rêves: en héros victorieux admirés par tous ceux qui ne nous prennent pas très au sérieux quand nous sommes éveillés, ou en héros tragiques reconnus trop tard par ceux qui nous ont critiqués durant notre vie. Dans nos rêves, nous pouvons ressembler au premier Joseph pardonnant généreusement à son frère en Égypte, ou au second Joseph portant avec lui son enfant persécuté, jusqu'en Égypte. Dans nos rêves, nous pouvons sans contrainte ériger des statues en l'honneur de notre martyre et brûler de l'encens pour notre moi blessé. Ces images dont nous nourrissons nos désirs inassouvis nous rappellent avec quelle rapidité nous substituons une idole à une autre. Démasquer des illusions vingt-quatre heures par jour est plus difficile que nous ne le croyons.

Il serait déraisonnable de tenter de changer directement nos rêves ou de commencer à nous inquiéter des images inattendues qui nous apparaissent durant la nuit. Toutefois, les idoles de nos rêves sont des rappels gênants que le chemin à parcourir sera long avant que nous ne soyons prêts à rencontrer Dieu, non pas le Dieu créé par notre esprit et nos mains, mais le Dieu éternel qui nous a créés de ses mains pleines d'amour. L'idolâtrie, qui est le culte des faux dieux, est une tentation plus grande que nous ne pourrions croire. Il faudra beaucoup de fidélité et de patience pour que notre vie consciente, comme notre vie inconsciente, passe de l'illusion à la prière.

Saint Basile, qui vécut au IVe siècle et fut le père du monachisme dans l'Église orthodoxe orientale, a clairement expliqué que même nos rêves ne pouvaient être exclus de notre vie spirituelle. À la question: «Quelle est la source de ces fantasmes nocturnes peu convenables?», il répondit: «Ils naissent des mouvements désordonnés de l'âme qui surviennent le jour. Mais si un homme tient compte des jugements de Dieu et ainsi purifie son âme et s'occupe sans cesse à de bonnes œuvres et à des choses agréables à Dieu, alors ces choses peupleront ses rêves (à la place)[26].»

Même si nous ne pouvons examiner directement les illusions de nos rêves, c'est en vérité notre vocation de

---

26. John Eudes BAMBERGER, o.c.s.o., «Μνημη - Διαθεσιζ (MNHMH - Diathesis), The Psychic Dynamisms in the Ascetical Theology of St. Basil», *Orientalia Christiana Periodica*, vol. XXXIV, fasc. II, 1968, p. 242-243.

tendre vers Dieu, non seulement en état d'éveil mais aussi dans nos rêves. Avec patience et persistance, nous devons lentement démasquer nos illusions d'immortalité — dissipant ainsi les faibles créations de notre esprit frustré — et tendre nos bras vers la mer profonde et le ciel lointain dans une prière incessante. Quand nous passons de l'illusion à la prière, nous passons du refuge des hommes à la maison de Dieu. C'est là que notre solitude tout comme notre hospitalité peuvent être maintenues.

Les questions difficiles

Cela suscite de difficiles questions: Pouvons-nous tendre vers Dieu comme notre Dieu? L'intimité avec Dieu est-elle possible? Pouvons-nous entretenir une relation d'amour avec celui qui dépasse notre entendement? Le mouvement de l'illusion à la prière n'est-il rien de plus qu'un mouvement vers une nuée imprécise?

Ces questions ne sont pas tout à fait nouvelles. Elles se posaient déjà au moment où les premières lignes de notre vie spirituelle furent tracées. La démarche vers notre moi le plus intime n'était pas seulement une démarche vers un moi plus vaste, vers une compréhension plus grande de nos complexités intérieures. Non, c'était en vérité une démarche vers ce centre où une nouvelle rencontre peut avoir lieu, où nous pouvons tendre au-delà de notre moi vers Celui qui parle dans notre solitude. La démarche vers les autres n'était pas seulement une démarche vers cette longue file de personnes qui sont si évidemment dans le besoin — besoin de nourriture, de vêtements et de toutes sortes de soins et d'attention — mais aussi une démarche vers les promesses qu'ils portent avec eux comme des dons à leur hôte. Tout ce qui a été dit sur la solitude et l'hospitalité suggère un être plus grand que nos pensées ne peuvent l'envisager, un être plus profond que nos cœurs ne peuvent le ressentir, plus large que nos bras ne peuvent embrasser, un être sous les ailes de qui nous pouvons trouver refuge (voir *Ps* 90) et dans l'amour duquel nous pouvons nous reposer, un être que nous appelons Dieu.

Mais même si les questions portant sur notre relation avec Dieu, notre Dieu, ne sont pas tout à fait nouvelles, elles se posent maintenant avec plus d'acuité que jamais. Nous sentons tous, à divers degrés, que la solitude et l'hospitalité sont des biens que nous devons chercher à atteindre et auxquels nous devons réfléchir. Ils sont une valeur humaine évidente, et peu de personnes nieront qu'ils soient des marques de maturité, en particulier quand ils sont maintenus en équilibre. Mais la prière? L'affirmation selon laquelle la solitude et l'hospitalité prennent racine dans la prière, en tant qu'intimité aimante avec Dieu, nous met dans l'embarras. Plusieurs diront: «Bien! Je vous suivais jusqu'ici, mais à partir de maintenant, vous faites cavalier seul.» Et pourquoi réagiraient-ils autrement? N'utilisons-nous pas la prière surtout quand nous croyons avoir atteint nos limites humaines? Le mot prière ne suggère-t-il pas l'impuissance plutôt qu'un contact créateur avec la source de toute vie?

Il est important de souligner que ces sentiments, ces expériences, ces questions et ces irritations au sujet de la prière sont très réels et découlent souvent d'événements précis et pénibles. Toutefois, une vie spirituelle sans prière, c'est comme l'Évangile sans le Christ. Plutôt que de prouver ou de défendre une position, il peut valoir la peine de résumer toutes ces questions exprimant doute et anxiété en une seule: «Si la prière, entendue comme une relation intime avec Dieu, est en fait le fondement de toute relation — avec nous-mêmes comme avec les autres —, comment alors pouvons-nous apprendre à prier et à vraiment vivre la prière comme le pivot de notre existence?»

Le paradoxe de la prière

Le paradoxe de la prière, c'est qu'elle est un don qu'on reçoit, mais que nous devons néanmoins apprendre à prier. Ce paradoxe explique pourquoi la prière est l'objet de si nombreux énoncés en apparence opposés.

Tous les grands saints de l'histoire et tous les directeurs spirituels dignes de ce nom disent que nous devons apprendre à prier, puisque la prière est notre première obligation comme notre vocation la plus sublime. Les écrits qui expliquent comment prier rempliraient des bibliothèques. Plusieurs hommes et femmes ont tenté de décrire quelles formes prenaient les expériences de prière qui les ont marqués, et ont encouragé leurs lecteurs à suivre le même chemin. Ils nous rappellent sans cesse ces paroles de saint Paul:

«Priez sans cesse» (*1Th* 5,17), et ils donnent souvent des instructions élaborées sur la façon de développer une relation intime avec Dieu. Nous trouvons même différentes «écoles de prière», et, ne nous en étonnons pas, des arguments solides en faveur d'une école ou d'une autre.

L'une de ces écoles ou traditions est l'hésychasme (du mot grec *hésychia*: repos). Théophane le Reclus, un hésychaste russe du XIXᵉ siècle, offre un magnifique exemple d'instruction sur la prière quand il écrit:

> Que votre règle soit d'être toujours avec le Seigneur, gardant l'intellect dans le cœur, sans laisser vagabonder vos pensées; ramenez-les aussi souvent qu'elles s'égarent, gardez-les enfermées dans le secret de votre cœur, et faites vos délices de cette conversation avec le Seigneur[27].

Il n'y a aucun doute que Théophane, et avec lui tous les grands écrivains spirituels, considère qu'une discipline rigoureuse est essentielle pour établir une relation intime avec Dieu. Pour lui et ses semblables, rien ne sert de parler de prière sans un effort continu et exigeant. De fait, certains auteurs spirituels ont décrit leurs efforts pour prier avec des détails si précis et si vivants, qu'ils donnent au lecteur la fausse impression qu'on peut atteindre un niveau

---

27. CHARITON, Higoumène de Valamo, *L'art de la prière. Anthologie de textes spirituels sur la prière du cœur*, traduit de l'anglais, Bégrolles-en-Mauges, Abbaye de Bellefontaine, coll. «Spiritualité orientale», nº 18, 1988, p. 121.

donné de prière par un travail ardu et une persévérance rigoureuse. De là bien des déceptions, plusieurs estimant qu'après de longues années de «travail de prière» intense, ils étaient plus éloignés de Dieu qu'au début de leurs efforts.

Mais les mêmes saints et guides spirituels qui parlent de la discipline de la prière nous rappellent aussi constamment que la prière est un don de Dieu. Ils disent que nous ne pouvons pas vraiment prier par nous-mêmes, mais que c'est l'Esprit de Dieu qui prie en nous. Saint Paul le dit très clairement en ces termes: «Nul ne peut dire "Jésus est Seigneur", si ce n'est par l'Esprit Saint.» (*1Co* 12,3) Nous ne pouvons pas contraindre Dieu à entrer en relation avec nous. Dieu vient à nous de sa propre initiative, et aucune discipline, aucun effort ou pratique ascétique ne peuvent l'obliger à venir à nous. Tous les mystiques soulignent avec une unanimité impressionnante que la prière est «grâce», c'est-à-dire don gratuit de Dieu, auquel la seule réponse possible est la gratitude. Mais ils s'empressent d'ajouter que ce don précieux nous est accessible. En Jésus-Christ, Dieu est entré dans nos vies de la façon la plus intime, pour que nous puissions entrer dans sa vie par l'Esprit. C'est le sens des fortes paroles que Jésus adressa à ses disciples, le soir précédant sa mort: «Cependant je vous ai dit la vérité: c'est votre avantage que je m'en aille; en effet, si je ne pars pas, le Paraclet ne viendra pas à vous; si, au contraire, je pars, je vous l'enverrai.» (*Jn* 16,7) En Jésus, Dieu est devenu l'un d'entre nous pour nous faire entrer à travers Jésus dans l'intimité de sa vie divine. Jésus est venu à nous pour devenir comme nous et nous a quittés pour nous permettre de devenir comme lui. En nous donnant son Esprit, son souffle, il s'est approché de nous plus que nous ne le sommes de nous-mêmes. C'est par ce souffle de Dieu que nous pouvons appeler Dieu «Abba, Père» et prendre part à cette relation mystérieuse et divine entre le Père et le Fils. Prier dans l'Esprit de Jésus-Christ, c'est donc participer à la vie intime de Dieu lui-même.

Thomas Merton écrit:

> L'union du Chrétien au Christ [...] est une union mystique dans laquelle le Christ Lui-même devient la source et le principe de la vie divine en moi. [...] Le Christ Lui-même m'insuffle Son Esprit[28].

Aucune image ne décrit sans doute aussi bien l'intimité avec Dieu dans la prière que l'image du souffle de Dieu. Nous sommes comme des asthmatiques guéris de leur anxiété. L'Esprit nous a libérés de notre étroitesse (le mot latin pour anxiété est *angustia*: étroitesse) et a tout renouvelé pour nous. Nous avons reçu un souffle nouveau, une liberté nouvelle, une vie nouvelle. Cette vie nouvelle est la vie divine de Dieu lui-même. La prière est donc le souffle de Dieu en nous, qui nous permet de participer intimement à la vie intérieure de Dieu et de naître de nouveau.

---

28. Thomas MERTON, *Nouvelles semences de contemplation,* traduit de l'américain par Marie Tadié, Paris, Seuil, 1963, p.121.

Ainsi, le paradoxe de la prière, c'est qu'elle demande un effort vigoureux alors qu'elle ne peut être reçue que sous forme de don. Nous ne pouvons ni planifier, ni organiser, ni manipuler Dieu; mais sans une discipline attentive, nous ne pouvons non plus le recevoir. Ce paradoxe de la prière nous oblige à regarder au-delà des limites de notre existence. Dans la mesure où nous avons été capables de dissiper l'illusion de notre immortalité et avons pleinement assumé notre fragilité et notre mortalité, nous pouvons tendre en toute liberté vers le Créateur et «Re-créateur» de la vie et répondre à ses dons avec gratitude.

On considère souvent la prière comme une faiblesse, une béquille sur laquelle on s'appuie quand on ne peut plus s'aider soi-même. Mais cela vaut uniquement quand le Dieu de nos prières est créé à notre propre image et adapté à nos propres besoins et inquiétudes. Par contre, quand la prière nous fait tendre vers Dieu, non pas à nos conditions, mais aux siennes, alors la prière nous arrache à nos préoccupations personnelles, nous encourage à abandonner les lieux familiers et nous met au défi d'entrer dans un monde nouveau qui ne peut être contenu dans les limites étroites de notre esprit et de notre cœur. La prière est donc une grande aventure, parce que le Dieu avec qui nous établissons une relation nouvelle est plus grand que nous et déjoue nos calculs et nos prédictions. Le mouvement de l'illusion à la prière est difficile à réaliser, car il nous conduit des fausses certitudes aux véritables incertitudes, d'un système de soutien facile à une reddition risquée, et des nombreux dieux «sûrs» à un Dieu dont l'amour ne connaît pas de limites.

L'absence et la présence de Dieu

Dieu est «au-delà», au-delà de notre cœur et de notre esprit, au-delà de nos attentes et de nos désirs, au-delà de tous les événements et de toutes les expériences qui façonnent notre vie. Et pourtant, il est au centre de tout cela. Ici, nous touchons le cœur de la prière, car il apparaît clairement que dans la prière, la distinction entre présence et absence de Dieu n'existe plus vraiment. Dans la prière, la présence de Dieu n'est jamais distincte de son absence et l'absence de Dieu jamais distincte de sa présence. Sa présence se situe tellement au-delà de toute expérience humaine qu'elle peut facilement apparaître comme une absence. Par contre, son absence est souvent ressentie si profondément que nous avons comme jamais auparavant le sentiment de sa présence. Cela, le psaume 22 le dit avec force:

> Mon Dieu, mon Dieu, pourquoi m'as-tu abandonné?
> J'ai beau rugir, mon salut reste loin.
> Le jour, j'appelle, et tu ne réponds pas, mon Dieu;
> la nuit, et je ne trouve pas le repos.
> Pourtant tu es le Saint:
> tu trônes, toi la louange d'Israël!
> Nos pères comptaient sur toi;
> ils comptaient sur toi, et tu les libérais.

Ils criaient vers toi, et ils étaient délivrés;
ils comptaient sur toi, et ils n'étaient pas déçus.

(Ps 22,1-6)

La prière est non seulement l'expression de l'expérience du peuple d'Israël, mais aussi le point culminant de l'expérience chrétienne. Quand Jésus a demandé «Pourquoi m'as-tu abandonné?» sur la croix, la solitude totale et la pleine acceptation se sont unies. À ce moment de vide complet, tout a été comblé. À cette heure de noirceur, une lumière nouvelle a point. Tandis qu'on constatait la mort, la vie était affirmée. Là où l'absence de Dieu s'exprimait le plus cruellement, là se révélait le plus profondément sa présence.

Quand Dieu lui-même dans son humanité a participé à notre expérience la plus pénible de l'absence de Dieu, il nous est devenu plus présent. Nous pénétrons dans ce mystère quand nous prions. L'intimité avec Dieu, au cours de notre existence terrestre, restera toujours une intimité qui transcende l'intimité humaine et qui est vécue dans l'attente de celui qui est venu, mais doit encore venir. Même si, dans des moments exceptionnels, il nous arrive d'être envahis par un sentiment profond de la présence de Dieu au centre de notre solitude et au cœur de cet espace que nous créons pour les autres, plus souvent qu'autrement, nous éprouvons un sentiment pénible de vide et nous ne pouvons vivre Dieu que comme un absent.

L'écrivaine française Simone Weil note dans ses carnets: «Attendre patiemment dans l'anticipation est le fondement de la vie spirituelle[29].» Par ces mots, elle exprime avec force comment l'absence et la présence ne sont jamais séparées quand nous tendons vers Dieu dans la prière. La vie spirituelle est d'abord une attente patiente, c'est-à-dire une attente dans la souffrance (*patior*: souffrir), où l'expérience de n'être pas comblés nous rappelle l'absence de Dieu. Mais c'est aussi une attente dans l'anticipation, qui nous permet de reconnaître les premiers signes du Dieu qui vient au cœur de nos souffrances. Le mystère de la présence de Dieu ne peut donc être touché qu'à travers une profonde prise de conscience de son absence. C'est au centre de notre désir ardent pour le Dieu absent que nous découvrons la trace de ses pas et que nous comprenons que notre désir d'aimer Dieu naît de l'amour dont il nous a touchés. Dans l'attente patiente de l'être aimé, nous découvrons combien il a déjà comblé nos vies. De même que l'amour d'une mère pour son fils peut croître plus profondément quand il est au loin, que les enfants peuvent apprendre à mieux apprécier leurs parents quand ils ont quitté le foyer, que les amoureux peuvent se redécouvrir durant de longues périodes d'absence, ainsi notre relation intime avec Dieu peut devenir plus profonde et empreinte de maturité à travers l'expérience purifiante de son absence. En écoutant nos

---

29. Simone WEIL, *First and Last Notebooks*, New York, Oxford, 1970, p. 99. (Nous traduisons.)

désirs ardents, nous entendons Dieu qui les a créés. En touchant le centre de notre solitude, nous sentons que nous avons été touchés par des mains aimantes. En observant avec attention notre perpétuel désir d'aimer, nous prenons de plus en plus conscience que nous ne pouvons aimer que parce que nous avons été aimés, et que nous ne pouvons offrir l'intimité que parce que nous sommes nés de l'intimité intérieure de Dieu lui-même.

En cette époque de violence, où on détruit la vie sans pitié et où s'étalent les plaies vives de l'humanité, on a mal à accepter que l'expérience de Dieu soit une absence purifiante et qu'il faille garder nos cœurs disponibles en vue d'accueillir dignement sa venue. Nous sommes tentés de nous rabattre sur n'importe quelle solution rapide au lieu de nous enquérir de la validité des questions qui se posent. Si grande est notre inclination à croire en toute promesse de guérison rapide qu'il ne faut pas s'étonner si on assiste à un foisonnement d'expériences spirituelles que le marché s'arrache. Plusieurs se précipitent sur les lieux et les personnes qui promettent des expériences intenses de rencontre, des émotions cathartiques de joie et de douceur et des sensations libératrices de ravissement et d'extase. Notre besoin désespéré de plénitude et notre recherche anxieuse d'une expérience d'intimité avec la divinité nous portent vraiment trop souvent à fabriquer de toutes pièces nos propres événements spirituels. Notre culture impatiente fait en sorte qu'il nous est extrêmement difficile de voir comment l'attente peut nous apporter le salut.

Mais tout de même... le Dieu qui nous sauve n'a pas été créé par des mains humaines. Il transcende nos distinctions psychologiques entre «déjà» et «pas encore», entre absence et présence, entre quitter et revenir. C'est seulement dans une attente patiente que nous pouvons lentement nous arracher à nos illusions et prier comme priait le psalmiste:

> Dieu, c'est toi mon Dieu!
> Dès l'aube je te désire;
> mon âme a soif de toi;
> ma chair languit après toi,
> dans une terre desséchée, épuisée, sans eau.
> J'étais ainsi quand je t'ai vu dans le sanctuaire
> en contemplant ta force et ta gloire.
>
> Oui, ta fidélité vaut mieux que la vie,
> mes lèvres te célébreront.
> Ainsi, je te bénirai ma vie durant,
> et à ton nom, je lèverai les mains.
> Comme de graisse et d'huile, je me rassasierai,
> et la joie aux lèvres, ma bouche chantera louanges.
> Quand sur mon lit je pense à toi,
> je passe des heures à te prier.
> Car tu as été mon aide,
> à l'ombre de tes ailes j'ai crié de joie.
> Je m'attache à toi de toute mon âme,
> et ta droite me soutient.

(Ps 63,2-9)

Transformer la protestation en prière

Quand nous pouvons nous arracher à l'illusion de notre immortalité, nous pouvons créer un lieu ouvert où il est possible de tendre les bras vers notre Dieu, qui transcende nos attentes, nos rêves et nos désirs. Nous ne serons probablement jamais tout à fait libérés de nos illusions, de même que nous ne serons jamais tout à fait libérés de notre isolement et de notre hostilité. Mais quand nous identifions clairement nos illusions, nous identifions aussi clairement les grandes lignes de la prière. Nous sommes toujours en mouvement entre ces deux pôles de l'illusion et de la prière. Il y a des moments où notre travail quotidien nous absorbe si pleinement que le mot «prière» ne suscite qu'irritation. Il y a aussi des moments où la prière semble facile, évidente, et presque synonyme de vie. Mais, habituellement, nous nous situons quelque part entre ces deux pôles; nous prions en nous accrochant au moins d'une main à nos précieuses possessions, à peine conscients de leur caractère illusoire.

Cependant, à d'autres moments, nous sommes une fois de plus obligés de nous arracher à cet état de demi-sommeil. Quand une situation de crise — guerre, pauvreté soudaine, maladie ou mortalité — nous confronte à l'«absurdité de la vie», nous ne pouvons plus rester neutres et nous devons réagir. Souvent, notre première réaction, et la plus visible, est une protestation qui jaillit de notre désarroi. C'est durant ces moments cruciaux de la vie que nous nous rappelons une fois de plus nos illusions et que nous sommes appelés à transformer notre protestation en prière. C'est une tâche très ardue, mais qui, bien loin de nous éloigner de la réalité, nous en rapproche.

Récemment, un étudiant qui venait à peine de terminer de longues études théologiques et était prêt à commencer son ministère dans sa première église est subitement décédé à la suite d'une chute de bicyclette fatale. Ceux qui le connaissaient bien ont senti jaillir de leurs cœurs une protestation violente et agressive. Pourquoi lui, cet homme remarquable, qui aurait pu faire tant de choses pour bien des gens? Pourquoi maintenant, au moment où ses études, longues et coûteuses, auraient pu commencer à porter fruit? Pourquoi de cette façon si soudaine et si peu héroïque? Il n'existe pas de réponse à toutes ces questions raisonnables. Une protestation forte et agressive semblait la seule réaction humaine possible.

Mais une telle protestation continue d'entretenir l'illusion que nous connaissons tout de la vie, que nous la dominons et déterminons nous-mêmes ses valeurs et ses buts. Il n'en est rien et nous sommes plutôt mis au défi de transformer notre protestation contre l'absurdité de l'existence humaine en une prière qui nous soulève, au-delà des frontières de notre existence, vers Celui qui tient notre vie dans ses mains et dans son cœur, avec une miséricorde et un amour infinis. Lorsque nous essayons de relever ce défi, nous serions sages de nous redire ces paroles du psalmiste:

Hommes, jusqu'où irez-vous dans le mépris
                    [de ma gloire,
l'amour du vide et la poursuite du mensonge?
Sachez que le Seigneur a mis à part son fidèle;
quand j'appelle le Seigneur, il m'écoute.

                                  (*Ps* 4,3-4)

CHAPITRE 8

La prière du cœur

À la recherche de la voie appropriée

De même qu'il y a bien des façons d'être hospitalier, il y a plusieurs façons de prier. Si nous abordons sérieusement la prière et ne la considérons plus comme l'une de nos nombreuses occupations dans la vie, mais plutôt comme une attitude fondamentale de réceptivité d'où toute notre vie peut tirer une nouvelle vigueur, tôt ou tard nous nous poserons cette question: «Quelle est *ma* façon de prier, quelle est la prière de mon cœur?» De même que les artistes cherchent le style qui les exprime le mieux, ainsi les hommes et les femmes qui prient sont-ils à la recherche de la prière de leur cœur. Ce qui a le plus de profondeur dans la vie, donc ce qui nous est le plus cher, doit toujours être protégé et exprimé de façon appropriée. Il n'est donc pas étonnant que la prière soit entourée de paroles et de gestes bien définis, de rituels et de cérémonies élaborés.

Une visite à un monastère trappiste peut nous aider à comprendre comment ceux qui se sont libérés de toute attache pour se consacrer à une vie de prière se soumettent à une discipline très stricte. Le moine trappiste vit toute sa vie, jour et nuit, dans l'obéissance à la règle de saint Benoît, sainte règle que perpétue et interprète avec la plus grande considération et la plus grande prudence l'Abbé, le père spirituel de la communauté. La sainte règle est à la vie de prière d'un moine trappiste ce qu'une monture d'or est à une pierre précieuse. La règle fait ressortir la beauté réelle de la prière et lui permet d'être pleinement goûtée. Négliger la règle, c'est négliger la prière. Le moine qui veut faire de toute sa vie, quoi qu'il fasse, une prière continuelle sait que cela n'est possible que s'il se plie à un horaire quotidien très précis qui le soutient dans la poursuite de son but. Nous découvrons donc que dans un monastère trappiste, la célébration de l'Eucharistie, la psalmodie en commun, la méditation individuelle, l'étude et le travail manuel, les repas et le sommeil font tous l'objet d'une réglementation prudente et d'une observance consciencieuse. Quiconque participe à une telle vie, ne serait-ce que pour quelques jours, peut sentir le grand mystère de la prière, caché et visible, dans le rythme profond d'une journée de contemplation.

Cette petite excursion chez les trappistes montre que quiconque désire sérieusement vivre une vie de prière ne peut persévérer dans ce désir ni le réaliser dans une certaine mesure sans méthode définie. Il peut être nécessaire de changer plusieurs fois de cap et d'explorer de nouvelles façons de prier, au fur et à mesure que la vie évolue, mais sans une façon de prier, nous n'aboutirons nulle part.

Pour découvrir une réponse à cette question personnelle: «Quelle est la prière de mon cœur?» nous devons, en premier lieu, savoir comment trouver cette prière on ne peut plus personnelle. Où chercher, que faire, vers qui nous tourner pour découvrir comment nous, comme êtres humains uniques, avec notre propre histoire, notre propre milieu, notre propre tempérament, nos propres perceptions et notre propre liberté d'agir, sommes-nous appelés à entrer en intimité avec Dieu? La question de la prière de notre cœur est, en fait, celle de notre vocation très personnelle.

La Parole, le silence et un guide

Il est possible d'établir quelques balises. En scrutant la vie des personnes pour qui la prière est vraiment la «seule [chose] nécessaire» (voir *Lc* 10,42), nous découvrons qu'elles observent toujours trois «règles»: une lecture contemplative de la Parole de Dieu, une écoute silencieuse de la voix de Dieu et une obéissance confiante à un guide spirituel. Sans la Bible, sans des moments de silence et sans quelqu'un pour nous diriger, il est très difficile et même pratiquement impossible de trouver notre propre voie vers Dieu.

D'abord, nous devons porter une grande attention à la Parole de Dieu telle qu'elle est rapportée dans les Saintes Écritures. Saint Augustin se convertit quand, ayant entendu un enfant dire: «Prends, lis; prends, lis[30]», il prit la Bible et se mit à lire la page où il l'avait ouverte. Il sentit alors que les paroles qu'il lisait lui étaient adressées.

Prendre les Saintes Écritures et les lire est le premier pas si nous voulons nous ouvrir à l'appel de Dieu. Lire les Écritures n'est pas aussi facile que nous pourrions le croire, car dans notre univers intellectuel, nous avons tendance à tout transformer en objet d'analyse et de discussion. Mais la Parole de Dieu devrait d'abord nous conduire à la contemplation et à la méditation. Au lieu de décortiquer les paroles, nous devrions les rassembler au plus intime de notre être; au lieu de nous demander si nous sommes d'accord ou non, nous devrions nous demander quelles paroles nous sont adressées personnellement et se rapportent directement à notre histoire la plus personnelle. Au lieu de voir en ces paroles des thèmes potentiels pour un échange ou un article intéressant, nous devrions leur permettre de pénétrer dans les replis les plus cachés de notre cœur, même dans ces lieux où aucune autre parole n'a encore trouvé la porte d'entrée. Alors et seulement alors, la parole portera fruit comme la graine semée dans un sol fertile. Alors seulement

---

30. Saint AUGUSTIN, *Confessions*, traduction nouvelle de Louis de Mondadon, Paris, Pierre Horay, 1947, p. 222.

pourrons-nous vraiment entendre et comprendre (voir *Mt* 13,23).

Deuxièmement, nous avons besoin de moments de quiétude en présence de Dieu. Même si nous voulons consacrer tout notre temps à Dieu, nous n'y parviendrons jamais si nous ne réservons pas une minute, une heure, une matinée, un jour, une semaine, un mois..., à Dieu et à lui seul. Cela exige une grande discipline et beaucoup d'audace, parce que nous semblons toujours avoir quelque chose de plus urgent à faire et que se contenter de «s'asseoir là» à «ne rien faire» nous trouble souvent plus que cela ne nous aide. Mais il n'y a pas moyen d'y échapper. Demeurer là à attendre silencieusement la présence de notre Dieu se situe au cœur de toute prière. Les premiers temps, nous entendons souvent la turbulence créée par nos propres bruits intérieurs plus clairement que la voix de Dieu. Par moments, ce brouhaha est très difficile à tolérer. Mais lentement, très lentement, nous découvrons que ce moment de silence nous calme et approfondit notre conscience de nous-mêmes et de Dieu. Puis, bientôt, nous commençons à regretter ces moments quand nous en sommes privés, et avant que nous n'en prenions pleinement conscience, un élan intérieur se développe, nous attirant de plus en plus dans le silence, plus près de ce lieu paisible où Dieu nous parle.

La lecture contemplative des Saintes Écritures et le moment de silence en présence de Dieu sont étroitement liés. La Parole de Dieu nous attire dans le silence; le silence nous rend attentifs à la Parole de Dieu. La Parole de Dieu traverse notre épais mur de mots et pénètre au centre silencieux de notre cœur; le silence libère en nous l'espace où la parole peut être entendue. Sans la lecture de la parole, le silence se dessèche, et sans le silence, la parole perd son pouvoir recréateur. La parole conduit au silence et le silence, à la parole. La parole est née dans le silence, et le silence est la réponse la plus profonde à la parole.

Mais la parole et le silence ont tous deux besoin d'être dirigés. Comment savoir que nous ne nous abusons pas, que nous ne choisissons pas les paroles qui s'accordent le mieux avec nos passions, que nous n'écoutons pas seulement la voix de notre propre imagination? Plusieurs ont cité les Écritures et plusieurs ont entendu des voix et ont eu des visions dans le silence, mais quelques-uns seulement ont vraiment trouvé le chemin vers Dieu. Qui peut être juge de sa propre cause? Qui peut déterminer si ses sentiments et ses perceptions le conduisent dans la bonne direction? Notre Dieu est plus grand que notre cœur et notre esprit, et nous sommes trop facilement tentés de lire dans les désirs de notre cœur et les ratiocinations de notre esprit la volonté de Dieu. Nous avons donc besoin d'un guide, d'un directeur, d'un conseiller qui nous aide à distinguer la voix de Dieu parmi toutes les autres voix qui naissent de notre propre confusion ou de forces obscures qui échappent à notre contrôle. Nous avons besoin de quelqu'un qui nous encourage quand nous sommes tentés de tout abandonner, de tout oublier et de nous éloigner sans espoir. Nous avons besoin de quelqu'un qui nous retienne quand nous allons témérairement dans une direction incertaine ou que nous nous hâtons fièrement vers un but nébuleux. Nous avons besoin de quelqu'un qui puisse nous suggérer quand lire et quand faire silence, sur quelles paroles réfléchir et comment réagir quand le silence suscite une grande crainte et très peu de paix.

La première réaction, presque spontanée, à la suggestion de recourir à un guide spirituel est: «Les guides spirituels sont difficiles à trouver.» Peut-être, mais ce manque de guides spirituels est peut-être dû au fait que nous n'invitions pas nous-mêmes nos compagnons et nos compagnes à devenir nos maîtres spirituels. S'il n'y avait pas d'élèves demandant instamment de bons professeurs, il n'y aurait pas de bons professeurs. Cela vaut aussi pour les guides spirituels. Bien des personnes sont dotées d'une grande sensibilité spirituelle, mais leurs talents restent en veilleuse parce que nous ne faisons pas appel à elles. Plusieurs deviendraient en effet, pour nous, sages et saints, si nous les invitions à nous aider à rechercher la prière de notre cœur. Un directeur spirituel ne doit pas nécessairement être plus intelligent ni plus expérimenté que nous. Il est important qu'il ou elle accepte notre invitation à nous approcher de Dieu et entre avec nous dans les Écritures et le silence où Dieu nous parle à tous deux. Si nous voulons vraiment vivre une vie de prière et nous demander sérieusement quelle pourrait être la prière de notre cœur, nous deviendrons aussi capables d'identifier le type de direction dont nous avons besoin et nous nous apercevrons que quelqu'un attendait notre demande. Souvent nous découvrirons que ceux à qui nous demandons de l'aide recevront le don de nous aider et de croître avec nous dans la prière.

Ainsi la Bible, le silence et un directeur spirituel sont trois guides importants dans la recherche de notre façon la plus personnelle d'entrer en relation intime avec Dieu. Si nous fréquentons continuellement les Écritures, que nous aménageons des moments de silence en présence de notre Dieu et que nous sommes prêts à soumettre nos expériences de parole et de silence à notre guide spirituel, nous pouvons nous éviter de nouvelles illusions et ouvrir la voie à la prière de notre cœur.

La sagesse de l'histoire

Même si presque tous les chrétiens désireux de tendre vers leur Dieu avec une persévérance fidèle chercheront à un moment donné de leur vie quelqu'un qui puisse être leur guide, la direction spirituelle n'est pas limitée à une relation d'un à un. La sagesse spirituelle de plusieurs chrétiens qui, au cours de l'histoire, ont consacré leur vie à la prière est préservée et maintenue vivante dans des traditions, des styles de vie ou des spiritualités qui se retrouvent dans le christianisme contemporain. De fait, nos premiers guides, et les plus influents, sont souvent les façons coutumières de prier, les rites et les manières de parler de Dieu répandus dans nos différents milieux. Chaque milieu spirituel met l'accent sur un aspect particulier. Ici, le silence prime, là, l'étude des Écritures; ici, la méditation est centrale, là, le culte communautaire; ici, la pauvreté est le concept unificateur, là, c'est l'obéissance; ici, les grandes expériences mystiques sont le chemin proposé vers la perfection, là, la vie quotidienne. Tout dépend de la période de l'histoire où la nouvelle spiritualité a fait son apparition, du tempérament personnel de l'homme ou de la femme qui en a été ou en est la principale inspiration et des besoins particuliers auxquels ces spiritualités répondaient.

Le fait que ces spiritualités soient surtout liées à des personnalités historiques influentes et mondialement connues contribue à nous les désigner comme de véritables guides dans notre recherche d'une façon personnelle de prier. Benoît, François, Dominique, Ignace de Loyola, Thérèse d'Avila, Jacob Boehme, François de Sales, George Fox, John Wesley, Henry Martyn, John Henry Newman, Sören Kierkegaard, Charles de Foucauld, Dag Hammarskjöld, Martin Luther King jr, Thomas Merton et bien d'autres nous proposent, par leurs vies et celles de leurs disciples, un cadre de référence et un point pour orienter nos tentatives de trouver la prière de notre cœur.

Je me souviens d'avoir rencontré un jour un homme fort timide et plutôt effacé. Même s'il était très intelligent, on aurait dit que l'univers était tout simplement trop vaste pour lui. Il reculait à la perspective de faire quelque chose d'exceptionnel. Pour lui, la petite voie, c'est-à-dire vivre consciencieusement les humbles réalités de la vie quotidienne, était sa façon de prier. Quand il parlait de la petite Thérèse de Lisieux, son guide spirituel, ses yeux brillaient et il semblait rempli de joie. Mais son voisin plus passionné avait besoin de l'exemple d'Antoine au désert, de Bernard de Clairvaux ou d'autres grands athlètes spirituels pour l'aider dans sa recherche d'une vie spirituelle authentique.

Sans guides aussi inspirants, il nous est très difficile de demeurer fidèles au désir de trouver notre propre façon de prier. Dans une recherche aussi difficile et souvent solitaire, nous avons un constant besoin de nouvelles intuitions, de soutien et de réconfort pour persévérer. Les grands saints de l'histoire ne demandent pas qu'on les imite. Leur façon de prier était unique et ne peut être reproduite. Mais ils nous invitent dans leur vie et nous offrent un espace accueillant pour notre propre recherche. Quelques-uns nous agacent et nous mettent mal à l'aise; d'autres nous irritent, mais parmi le grand nombre d'hommes et de femmes dans l'histoire de la spiritualité, nous pouvons en trouver quelques-uns, peut-être un ou deux seulement, qui parlent le langage de notre cœur et nous donnent courage. Ce sont nos guides, et ils ne sont pas là pour être imités, mais pour nous aider à vivre nos vies de manière aussi authentique qu'ils vécurent la leur. Quand nous avons trouvé de tels guides, nous avons une bonne raison d'être reconnaissants et de meilleures encore d'écouter attentivement ce qu'ils ont à nous dire.

La voie du pèlerin

Parmi les spiritualités et les façons de prier et de cheminer vers Dieu, il en existe une relativement inconnue, mais qui pourrait être particulièrement appropriée dans le climat spirituel contemporain. Il s'agit de l'hésychasme, l'une des plus anciennes traditions spirituelles dans l'Église orthodoxe orientale, qui a récemment suscité un nouvel intérêt en Occident, avec la publication des *Récits d'un pèlerin russe*[30]. Aussi, plutôt que de décrire brièvement les différents cheminements spirituels, il me semble plus utile d'exposer plus longuement un seul cheminement: celui des «hésychastes». En effet, non seulement l'hésychasme illustre-t-il très bien les réflexions précédentes, mais aussi cette tradition a une résonance étonnamment moderne.

Alors que nous sommes tous appelés à rechercher avec diligence et persévérance la prière de notre cœur — c'est-à-dire la prière qui nous est propre et qui constitue notre façon unique de tendre vers notre Dieu — l'hésychasme fait de la prière du cœur son concept central, lui donnant un contenu très concret et proposant des directives explicites pour y parvenir.

Qu'est-ce donc que l'hésychasme? L'hésychasme (du mot grec *hésychia*: paix, calme) est une tradition qui fit son apparition au Ve siècle, se développa dans les monastères du

---

31. ANONYME, *Récits d'un pèlerin russe*, traduits par Jean Laloy, Paris, Seuil, coll. «Points Sagesses», n° 14, 1977, 192 p.

mont Sinaï et, plus tard, au mont Athos, et qui connut un regain de vitalité lors du renouveau spirituel du XIXᵉ siècle en Russie. Aujourd'hui, l'Occident la découvre graduellement comme l'une des plus remarquables «écoles» de prière. La prière qui exprime le mieux la tradition hésychaste est la prière de Jésus, qui consiste en ces simples paroles: «Seigneur Jésus Christ, ayez pitié de moi, pécheur.» Timothy Ware écrit à propos de la prière de Jésus:

> C'est cependant autour de ces quelques mots que, à travers les siècles, beaucoup d'orthodoxes ont édifié leur vie spirituelle, et c'est par cette seule prière qu'ils ont pénétré les mystères les plus profonds de la connaissance chrétienne[32].

La façon la plus simple ou la plus vivante de comprendre la richesse de l'hésychasme et de la prière de Jésus, c'est d'écouter l'histoire remarquable de ce paysan russe anonyme qui parcourut son vaste pays, découvrant avec un étonnement grandissant et une grande joie intérieure les fruits merveilleux de la prière de Jésus. Les *Récits d'un pèlerin russe* racontent son histoire, très probablement rédigée par un moine russe qu'il rencontra sur sa route.

Il y a quelques années, je fis une retraite de trois jours avec deux amis intimes. La plupart du temps, nous gardions le silence, mais, après le dîner, nous nous lisions, l'un à l'autre, l'histoire du pèlerin. À notre grande surprise, ce

---

32. CHARITON, *op. cit.* (introduction), p. 8.

livre spirituel, agréable et charmant eut une profonde influence sur nous et nous révéla une façon nouvelle et très simple de prier au milieu de nos vies folles et agitées. Nous parlons encore de ces jours comme des «jours avec le pèlerin».

Dans les *Récits d'un pèlerin russe,* le paysan raconte comment il va de ville en ville, d'église en église, de moine en moine, pour trouver la façon de prier sans cesse (voir *1 Th* 5,17). Après avoir entendu plusieurs sermons et consulté en vain bien des personnes, il trouve un saint starets (moine) qui lui enseigne la prière de Jésus. Le starets lui lit d'abord ces paroles de Syméon le Nouveau Théologien:

> Demeure assis dans le silence et dans la solitude, incline la tête, ferme les yeux; respire plus doucement, regarde par l'imagination à l'intérieur de ton cœur, rassemble ton intelligence, c'est-à-dire ta pensée, de ta tête dans ton cœur. Dis sur la respiration: «Seigneur Jésus-Christ, ayez pitié de moi», à voix basse, ou simplement en esprit. Efforce-toi de chasser toutes pensées, sois patient et répète souvent cet exercice[33].

Après cette lecture, le starets prescrit à son visiteur de dire la prière de Jésus trois mille fois par jour, puis six mille fois, puis douze mille fois et, finalement, aussi souvent qu'il le désire. Le pèlerin est très heureux d'avoir trouvé un maître et suit avec soin ses instructions. Il dit:

---

33. Anonyme, *op. cit.,* p. 30-31.

Obéissant à cette règle, je passai tout l'été à réciter sans cesse la prière de Jésus et je fus tout à fait tranquille. Durant mon sommeil, je rêvais parfois que je récitais la prière. Et pendant la journée, lorsqu'il m'arrivait de rencontrer des gens, ils me semblaient aussi aimables que s'ils avaient été de ma famille. [...] Les pensées s'étaient apaisées et je ne vivais qu'avec la prière; je commençais à incliner mon esprit à l'écouter et parfois mon cœur ressentait de lui-même comme une chaleur et une grande joie[34].

Après la mort du saint starets, le paysan va de ville en ville, avec sa prière. Elle lui a donné une nouvelle force pour faire face aux embûches de la vie de pèlerin et elle transforme ses souffrances en joies:

Parfois, je fais plus de soixante-dix verstes en un jour et je ne sens pas que je vais; je sens seulement que je dis la prière. Quand un froid violent me saisit, je récite la prière avec plus d'attention et bientôt je suis tout réchauffé. Si la faim devient trop forte, j'invoque plus souvent le nom de Jésus-Christ et je ne me rappelle plus avoir eu faim. Si je me sens malade et que mon dos ou mes jambes me fassent mal, je me concentre dans la prière et je ne sens plus la douleur. Lorsque quelqu'un m'offense, je ne pense qu'à la bien-

---

34. *Ibid.*, p. 37-38.

faisante prière de Jésus; aussitôt, colère ou peine disparaissent et j'oublie tout[35].

Toutefois, le pèlerin n'a pas d'illusions. Il comprend qu'en dépit de ces événements, sa prière n'est pas encore pleinement devenue la prière du cœur. Le starets lui a dit que toutes ces expériences faisaient partie d'un «effet de la nature et d'une habitude acquise[36]». En ce qui concerne la prière du cœur, il dit: «J'attends l'heure de Dieu.» Après plusieurs vaines tentatives pour trouver du travail et un toit, il décide de se rendre au tombeau de saint Innocent d'Irkoutsk, en Sibérie, «pensant que, par les plaines et les forêts de Sibérie, je trouverais plus de silence et pourrais me livrer plus commodément à la lecture et à la prière. Je m'en allai ainsi, récitant sans cesse la prière[37].»

Pendant ce voyage, le pèlerin fait, pour la première fois, l'expérience de la prière du cœur. En termes très vivants, très simples et très directs, il nous raconte comment cela s'est produit et comment il est entré en contact intime avec Jésus.

> Au bout de quelque temps, je sentis que la prière passait d'elle-même dans mon cœur, c'est-à-dire que mon cœur, en battant régulièrement, se mettait en quelque sorte à réciter en lui-même les paroles saintes

---

35. *Ibid.*, p. 39-40.
36. *Ibid.*, p. 40.
37. *Ibid.*, p. 41.

sur chaque battement. [...] Je cessai de remuer les lèvres et j'écoutai attentivement ce que disait mon cœur; j'essayais aussi de regarder à l'intérieur du cœur. [...] Puis, je ressentis une légère douleur au cœur et dans mon esprit un tel amour pour Jésus-Christ qu'il me semblait que, si je l'avais vu, je me serais jeté à ses pieds, je les aurais saisis, embrassés et baignés de mes larmes en le remerciant pour la consolation qu'il nous donne avec son nom, dans sa bonté et son amour pour sa créature indigne et coupable. Bientôt apparut dans mon cœur une bienfaisante chaleur qui gagna toute ma poitrine[38].

La prière du cœur donne au pèlerin une joie immense et une expérience indicible de la présence de Dieu. À partir de ce moment, il ne peut s'empêcher de parler de Dieu qui l'habite, partout où il va et à toute personne à qui il s'adresse. Même s'il n'essaie pas de convertir les gens ou de changer leur comportement mais recherche toujours le silence et la solitude, il s'aperçoit tout de même que les gens qu'il rencontre réagissent profondément à son témoignage et redécouvrent Dieu dans leur propre vie. Ainsi, le pèlerin, en confessant ses péchés et en suppliant Dieu de lui accorder sa miséricorde, prend conscience de la distance qui le sépare de Dieu et voyage alors à travers le monde dans sa plus intime compagnie, invitant les autres à la partager.

---

38. *Ibid.*, p. 42.

Avec l'esprit dans le cœur

Si, nous arrêtant à l'histoire touchante de ce paysan russe, nous nous laissons succomber au charme de son romantisme du xixᵉ siècle, nous connaîtrions probablement le même sort que Franny et Zooey[38], du roman de J.D. Salinger, soit la confusion mentale.

L'histoire du pèlerin n'est toutefois qu'une ride sur le ruisseau mystique et profond de l'hésychasme du xixᵉ siècle. La profondeur réelle et la puissance extraordinaire de ce ruisseau nous furent révélées dans *L'art de la prière*. Ce livre, qu'affectionnait particulièrement Thomas Merton, est une anthologie orthodoxe de la prière du cœur colligée par Chariton de Valamo[40], qui contient des extraits des œuvres des auteurs spirituels russes du xixᵉ siècle, tout particulièrement de l'évêque Théophane le Reclus. Ce sont des archives précieuses de la prière mystique qui nous présentent des façons concrètes de tendre vers Dieu depuis le centre de notre moi le plus intime. Nous y entendons Théophane le Reclus dire à l'une des nombreuses personnes qui lui demandaient conseil:

---

39. Jerome David SALINGER, *Franny et Zooey*, traduit de l'américain par Robert Willerval, Paris, Seuil, coll. «Points Roman», n° 475, 1991, 261 p.

40. N.d.É.: L'higoumène Chariton est un moine orthodoxe russe. Il était supérieur de l'ancien monastère de Valamo pendant la période de l'entre-deux-guerres.

Je ne vous rappelle qu'une chose: on doit descendre avec l'intellect dans le cœur, et là, demeurer devant la face du Seigneur, omniprésent, qui voit tout, qui demeure en vous. L'emprise de la prière devient ferme et inébranlable quand un petit feu commence à brûler dans le cœur.

Essayez de ne pas éteindre ce feu, et il s'établira en vous de telle sorte que la prière se répète d'elle-même; il y aura alors en vous comme le murmure d'un petit ruisseau[41].

Se tenir en présence de Dieu avec notre esprit dans notre cœur, telle est l'essence de la prière de cœur. Ce que dit Théophane en termes succincts, c'est que la prière du cœur unifie toute la personne et nous met tout entiers, esprit et cœur, en présence d'un Dieu redoutable et aimant.

Si la prière n'était qu'un exercice intellectuel de notre esprit, nous serions vite paralysés par des débats intérieurs vains et futiles avec Dieu. Si, par contre, la prière n'émanait que du cœur, nous serions vite portés à penser que les bons sentiments font les bonnes prières. Mais la prière du cœur, dans son sens le plus profond, unit l'esprit et le cœur dans l'intimité de l'amour divin.

C'est de cette prière que le pèlerin parle, exprimant dans son style charmant et naïf la sagesse de pères spirituels

---

41. CHARITON, *op. cit.*, p. 112.

de son temps. Dans l'expression: «Seigneur Jésus-Christ, ayez pitié de moi», nous trouvons un résumé puissant de toute prière. Elle s'adresse à Jésus, le Fils de Dieu, qui a vécu, est mort et est ressuscité pour nous. Elle affirme qu'il est le Christ, l'Oint, le Messie, celui que nous attendons; elle l'appelle notre Seigneur, le Seigneur de tout notre être: de notre corps, de notre esprit et de notre âme, de nos pensées, de nos émotions et de nos actions; et elle professe notre relation très profonde avec lui par la confession de notre nature pécheresse et l'humble appel à son pardon, à sa miséricorde, à sa compassion, à son amour et à sa tendresse[42].

La prière du cœur peut être un guide spécial pour le chrétien d'aujourd'hui cherchant la voie personnelle qui le mène à une relation intime avec Dieu. Plus que jamais, nous nous sentons comme des étrangers parcourant un monde en pleine mutation. Mais nous ne voulons pas fuir ce monde. Nous voulons, au contraire, y participer pleinement, sans nous noyer dans ses eaux tumultueuses. Nous voulons être éveillés et réceptifs à tout ce qui arrive autour de nous, sans être paralysés par une fragmentation intérieure. Nous voulons traverser cette vallée de larmes les yeux ouverts sans perdre contact avec celui qui nous appelle

---

42. Voir aussi, d'Antoine BLOOM, *Prière vivante*, traduit de l'anglais par Jacques Mignon, Paris, Cerf, coll. «Foi vivante», n° 185, 1972, 152 p.; *Beginning to Pray*, New York, Paulist Press, 1970; *Courage to Pray*, New York, Paulist Press, 1973.

à une nouvelle terre. Nous voulons répondre avec compassion à tous ceux que nous rencontrons sur notre route et demandent un lieu hospitalier pour habiter, tout en demeurant solidement enracinés dans l'amour intime de notre Dieu.

La prière du cœur nous montre une voie possible. Cette prière ressemble à un courant qui glisse sous les nombreuses vagues de la vie quotidienne. Elle nous permet de vivre en ce monde sans en être et de tendre vers notre Dieu au milieu de notre solitude.

Être chez nous quoique toujours en route

La prière du cœur requiert, en tout premier lieu, que Dieu soit notre seule pensée. Cela veut dire que nous devons dissiper toute distraction, toute inquiétude, tout tourment et toute préoccupation, et ne remplir notre esprit que de Dieu. La prière de Jésus, ou toute autre forme de prière, doit nous aider à vider nos esprits de tout ce qui n'est pas Dieu et à lui offrir toute la place, et à lui seul. Mais ce n'est pas tout. Notre prière devient la prière du cœur quand nous avons localisé, au centre de notre être intérieur, l'espace vide où notre esprit rempli de Dieu peut descendre et disparaître, où les distinctions entre penser et sentir, connaître et vivre une expérience, les idées et les émotions sont transcendées, où Dieu peut devenir notre hôte. «Le Règne de Dieu est parmi vous» (*Lc* 17,21), dit Jésus. La prière du cœur prend ces paroles au sérieux. Quand nous vidons notre esprit de toute pensée et notre cœur de toutes les expériences, nous pouvons préparer, en notre être le plus intime, la maison de ce Dieu qui veut habiter en nous. Alors, nous pouvons dire avec saint Paul: «Je vis, mais ce n'est plus moi, c'est Christ qui vit en moi.» (*Ga* 2,20) Alors, nous pouvons affirmer avec Luther: «La grâce est l'expérience d'être délivré de l'expérience.» Et alors, nous pouvons comprendre que ce n'est pas nous qui prions, mais l'Esprit de Dieu qui prie en nous.

> L'un des premiers Pères disait: «Quand les voleurs s'approchent d'une maison afin de s'y glisser et de s'emparer de ce qui s'y trouve, et qu'ils entendent quelqu'un parler à l'intérieur, ils n'osent pas y entrer. De même, quand nos ennemis essaient d'entrer dans l'âme et d'en prendre possession, ils se faufilent tout autour mais n'osent pas y entrer quand ils entendent sourdre cette petite prière[43].»

Quand notre cœur appartient à Dieu, le monde et ses puissances ne peuvent nous le voler. Quand Dieu est devenu le Seigneur de notre cœur, nous surmontons notre aliénation fondamentale et pouvons prier avec le psalmiste.

---

43. CHARITON, *op. cit.*, p. 112-113.

C'est toi qui as créé mes reins;
tu m'abritais dans le sein maternel.
Je confesse que je suis une vraie merveille,
tes œuvres sont prodigieuses: oui, je le reconnais bien.

(*Ps* 139,13-14)

Quand Dieu est devenu notre berger, notre refuge, notre forteresse, alors nous pouvons tendre vers lui au milieu d'un monde brisé et nous sentir chez nous quoique toujours en route. Quand Dieu nous habite, nous pouvons établir un dialogue sans paroles avec lui, en attendant encore le jour où il nous amènera dans la maison où il a préparé une place pour nous (voir *Jn* 14,2). Alors nous pouvons attendre, même si nous sommes déjà arrivés et demander, même si nous avons déjà reçu. Alors, nous pouvons nous réconforter mutuellement avec les paroles de Paul.

Ne soyez inquiets de rien, mais, en toute occasion, par la prière et la supplication accompagnées d'action de grâce, faites connaître vos demandes à Dieu. Et la paix de Dieu, qui surpasse toute intelligence, gardera vos cœurs et vos pensées en Jésus Christ. (*Ph* 4,6-7)

CHAPITRE 9

Communauté et prière

Thabor et Gethsémani

Le passage de l'illusion à la prière exige un détachement graduel de toutes les attaches trompeuses et un abandon croissant à Celui qui nous comble de tous les vrais biens. Il faut du courage pour quitter le connu rassurant pour l'inconnu, même lorsqu'on sait que la sécurité du connu est illusoire et que l'inconnu promet une intimité salvatrice avec Dieu. Nous sommes conscients d'être bien vulnérables en nous détournant du familier pour ouvrir les bras à Celui qui transcende tous les attachements et toutes les emprises de notre esprit. D'une certaine façon, nous pressentons que si nos illusions nous condamnent à une vie tronquée, l'abandon à l'amour conduit tout droit à la croix. La voie de Jésus était celle de l'amour, mais aussi celle de la souffrance. Il a dit à Pierre:

> Quand tu étais jeune, tu nouais ta ceinture et tu allais où tu voulais; lorsque tu seras devenu vieux, tu étendras les mains et c'est un autre qui nouera ta ceinture et qui te conduira là où tu ne voudrais pas.
>
> (*Jn* 21,18)

Pouvoir abandonner le contrôle, même illusoire, de sa vie et tendre les mains vers Dieu est un signe de maturité spirituelle. Mais il serait illusoire de croire qu'en se tournant vers Dieu, on échappera à la douleur et à la souffrance. Bien au contraire, nous aboutirons souvent là où nous préférerions ne pas aller. Mais si nous refusons d'y aller, nous ne trouverons pas la vie: «qui perd sa vie [...] l'assurera», disait Jésus (*Mt* 16,25), nous rappelant que la souffrance purifie l'amour.

Prier n'est donc pas du tout facile et doux. Expression de l'amour le plus grand que nous puissions connaître, la prière n'éloigne pas de nous la douleur. Au contraire, elle nous fait souffrir davantage, car notre amour s'adresse à un Dieu qui souffre, et entrer dans l'intimité de Dieu, c'est entrer là où toute la souffrance humaine est accueillie dans la compassion divine. Dans la mesure où notre prière vient du cœur, nous aimerons davantage et souffrirons davantage, nous saisirons plus de lumière et plus de ténèbres, plus de grâce et plus de péché, nous nous ouvrirons davantage à Dieu et à l'humanité. Dans la mesure où nous descendrons plus profondément dans notre cœur et, de là, tendrons vers Dieu, la solitude pourra s'entretenir avec la solitude, la profondeur avec la profondeur et le cœur avec le cœur. Et c'est là qu'amour et souffrance se retrouvent ensemble.

À deux reprises, Jésus invita ses amis les plus proches, Pierre, Jacques et Jean, à partager sa prière la plus intime. La première fois, il les amena au sommet du Thabor, et là ils virent son visage éblouissant comme le soleil et ses vêtements aussi blancs que la lumière (voir *Mt* 17,2). La deuxième fois, Jésus les amena à Gethsémani, et là ils virent son visage ravagé par l'angoisse et la sueur de sang tombant à grosses gouttes sur le sol (voir *Lc* 22,44). La prière du cœur nous conduit à la fois au Thabor et à Gethsémani. Après avoir vu Dieu dans la gloire, nous le verrons aussi dans son abaissement, et après avoir partagé l'horreur de son humiliation, nous connaîtrons la beauté de sa transfiguration.

Ceux qui pratiquent la prière du cœur ont toujours été très conscients de ces deux aspects inséparables de la prière. Même s'ils soulignent volontiers le détachement dans la prière, ils n'hésitent pourtant pas à comparer la prière à son sommet à l'illumination de Moïse sur le Sinaï et à la transfiguration de Jésus sur le Thabor. Théophane le Reclus écrit:

Celui qui s'est repenti se met en route vers le Seigneur. Ce voyage est un pèlerinage accompli dans l'intellect et dans le cœur. Il faut mettre les pensées de l'intellect en accord avec les dispositions du cœur de telle sorte que l'esprit de l'homme soit sans cesse avec le Seigneur, comme s'il lui était attaché. Celui qui est ainsi unifié est constamment éclairé par la lumière intérieure, et il reçoit en lui-même les rayons de l'illumination spirituelle, [...] comme Moïse dont la face fut glorifiée sur la montagne parce qu'il était illuminé par Dieu[44].

L'attente patiente dans l'espérance est le fondement de la vie spirituelle, et nous savons que cette attente est pleine de joie parce que, dans la prière, nous voyons déjà la gloire de Celui que nous attendons.

La communauté de foi

Ce que nous avons dit jusqu'ici de la prière pourrait donner la fausse impression que la prière est quelque chose d'intime, de personnel et de plutôt secret caché dans la vie intérieure de chacun et dont on peut à peine parler, que l'on peut encore moins partager. Au contraire, et c'est justement parce que la prière est si personnelle et s'élève du centre de notre vie intérieure qu'elle doit être partagée avec d'autres. Et parce que, justement, la prière est l'expression

---

44. Chariton, *op. cit.*, p. 74.

la plus précieuse de l'humain en nous, il lui faut, pour s'épanouir, le soutien constant et la protection de la communauté. Parce que, justement, la prière est notre plus haute vocation, et qu'elle réclame des soins attentifs et une fidèle persévérance, nous ne pouvons pas nous permettre d'en faire une activité strictement privée. Et parce que, justement, la prière exige une attente patiente dans l'espérance, elle ne doit jamais devenir l'expression la plus individualiste de la plus individualiste des émotions, mais doit toujours rester enracinée dans la vie de la communauté qui est la nôtre.

Parce qu'attente de Dieu, dans la joie et l'espérance, la prière est vraiment une tâche inhumaine ou surhumaine, à moins que nous ne soyons conscients que nous n'attendons pas tout seuls. Dans la communauté de foi, nous pouvons trouver le climat et le soutien qui permettent de maintenir et d'approfondir notre prière, ainsi que la capacité de voir toujours plus loin, bien au-delà de nos besoins égoïstes et mesquins. La communauté de foi nous offre les balises protectrices où nous pouvons être à l'écoute de nos désirs les plus profonds, non pour nous complaire dans une introspection morbide, mais pour chercher notre Dieu vers lequel elles nous orientent. Dans la communauté de foi, nous pouvons nous mettre à l'écoute de notre isolement et de nos désirs d'être embrassées, cajolés, de nos impulsions sexuelles, nos besoins de sympathie, de compassion ou d'un mot chaleureux, ainsi que de notre soif de compréhension et notre espoir d'amitié et de camaraderie. Dans la communauté de foi, nous pouvons prêter attention à toutes ces aspirations et trouver le courage, non pas de les éviter ou de les cacher, mais plutôt de les regarder en face afin de discerner la présence de Dieu en elles. Alors nous pouvons nous confirmer les uns les autres dans notre attente et dans l'assurance qu'au cœur même de cette attente se réalise un début d'intimité avec Dieu. Là nous pouvons rester patiemment ensemble et permettre à notre souffrance quotidienne de convertir nos illusions en prière d'un peuple repentant. Oui, la communauté de foi est le milieu et la source de toute prière.

Un peuple modelé par Dieu

Le mot «communauté» renvoie généralement à une façon d'être ensemble qui suscite un sentiment d'appartenance. Les élèves déplorent souvent de ne pas trouver une telle communauté dans leur école; les pasteurs et les prêtres se demandent comment créer une véritable communauté dans leur paroisse; les travailleuses sociales s'efforcent, malgré les influences aliénantes de la vie moderne, de former des communautés dans les quartiers où elles travaillent. Dans toutes ces situations, le mot «communauté» désigne une façon d'être qui permette aux gens de sentir qu'ils appartiennent pleinement à un groupe plus vaste.

Si les mêmes observations s'appliquent à la communauté chrétienne, il est important de se rappeler qu'elle est une communauté en attente, c'est-à-dire une communauté qui suscite à la fois un sentiment d'appartenance et un sentiment de séparation. Dans la communauté chrétienne, nous nous disons: «Nous sommes ensemble, mais nous ne pouvons pas nous combler les uns les autres... nous nous entraidons, mais rappelons-nous que notre destinée est au-delà de notre "être ensemble".» Le soutien dans la communauté chrétienne est un soutien dans une attente commune. Ceci suppose à la fois un regard critique, afin que personne ne transforme la communauté en un refuge sûr ou un club intime, et un encouragement constant à maintenir le regard fixé sur ce qui vient.

La communauté chrétienne repose ni sur les liens du sang, ni sur la similitude de statut social ou économique, ni sur une oppression ou un grief communs, ni sur l'attrait mutuel... mais sur l'appel de Dieu. La communauté chrétienne n'est pas une création purement humaine. C'est Dieu qui a fait de nous son peuple en nous appelant d'Égypte vers la Terre promise, du désert vers un pays fertile, de la servitude vers la liberté, du péché au salut, de la captivité à la libération. Ces mots et ces images mettent en évidence que l'initiative appartient à Dieu, qui est la source de notre nouvelle vie ensemble. Appelés ensemble à la Nouvelle Jérusalem, nous nous reconnaissons frères et sœurs au cours de notre périple. Alors, comme peuple de Dieu, nous pouvons être appelés *ekklesia* (du grec *kaleo*: appeler; et *ek*: hors de), c'est-à-dire la communauté appelée du monde ancien vers le nouveau.

Notre désir de briser les chaînes de l'aliénation étant particulièrement ardent de nos jours, il est donc très important de nous rappeler que, comme membres de la communauté chrétienne, nous n'existons pas d'abord les uns pour les autres, mais pour Dieu. Nos yeux ne doivent pas se fixer les uns sur les autres, mais s'orienter vers ce qui naît à l'horizon de nos vies. Nous nous découvrons en suivant le même appel et en nous soutenant mutuellement dans la même quête. Par conséquent, la communauté chrétienne n'est pas un cercle bien clos de gens serrés les uns contre les autres, mais un groupe de compagnons et de compagnes qui vont de l'avant ensemble, reliés les uns aux autres par la même voix qui les appelle.

On comprend que, dans les grandes villes anonymes, nous recherchions des gens qui soient sur la même longueur d'ondes que nous pour former de «petites communautés». Les groupes de prière, les clubs bibliques, les églises domestiques sont toutes des façons de réveiller ou d'approfondir notre sentiment d'appartenance au peuple de Dieu. Mais parfois, une apparente similitude d'esprit restreint notre sentiment communautaire. Nous devons tous avoir l'esprit de Jésus, mais nous n'avons pas à posséder l'esprit d'un charpentier, d'un maître d'école, d'un banquier, d'un député ou d'un quelconque groupe économique ou social. Une grande sagesse se cache dans les vieux clochers d'église qui appellent des gens de mentalités et d'origines bien différentes à quitter leurs maisons et à former un seul corps en Jésus Christ. C'est précisément en dépassant les innombrables différences individuelles que nous pouvons être les témoins de Dieu, qui fait briller sa lumière sur les pauvres comme sur les riches, sur les bien-portants comme sur les malades. Mais c'est aussi en nous rencontrant sur le chemin vers Dieu que nous devenons conscients des besoins de nos proches et que nous commençons les uns les autres à panser nos blessures.

Au cours des dernières années, j'ai fait partie d'un petit groupe d'étudiants et d'étudiantes qui célébraient régulièrement l'Eucharistie ensemble. Nous étions à l'aise ensemble et nous avions trouvé «notre propre voie». Nos chansons, nos expressions, nos «saluts» semblaient naturels et spontanés. Mais lorsque de nouveaux étudiants sont venus se joindre à nous, nous nous sommes aperçus que nous nous attendions à ce qu'ils adoptent nos façons de faire et qu'ils s'accommodent de «la façon dont les choses se font ici». Nous avons dû reconnaître que nous formions un clan, substituant notre esprit à l'esprit de Jésus-Christ. Alors nous avons découvert combien il était difficile de renoncer à nos habitudes, afin de créer de l'espace pour des étrangers et faire en sorte qu'une nouvelle prière en commun soit possible.

Ce n'est pas sans raison qu'on appelle l'Église une «Église de pèlerins» allant toujours de l'avant. Mais la tentation de s'installer confortablement dans une oasis est trop souvent irrésistible, et alors l'appel de Dieu est oublié et l'unité est rompue. Dans ces circonstances, des groupes entiers — et non seulement des individus — se laissent séduire par une sécurité illusoire et la prière s'étiole pour devenir une activité partisane.

C'est pourquoi il faut user de circonspection avant de transposer les idées et les techniques que les groupes contemporains ont développées et expérimentées dans la communauté chrétienne. Quand nous décrivons la communauté chrétienne idéale comme une «famille heureuse», un «groupe de gens attentifs» ou un «groupe d'action ou de pression», nous relevons seulement un trait secondaire et souvent simplement temporaire. Sans doute pourrait-il être utile de reprendre dans la communauté chrétienne des façons de faire et des techniques venant d'autres genres de communautés, mais il faut toujours garder en vue la compréhension que la communauté chrétienne a de sa propre nature comme peuple rassemblé par Dieu. Certains processus interpersonnels, certains modèles et stratégies de leadership identifiés par des groupes de recherche en psychologie et en sociologie peuvent apporter des éclairages utiles pour comprendre la vie de la communauté chrétienne. Mais en raison de la nature originale et unique de cette communauté, il faut demeurer conscient des limites de ces découvertes. La vie de la communauté chrétienne, entre la première et la seconde venue du Seigneur, trouve tout son sens dans une attente patiente et pleine d'espérance du jour où Dieu sera tout en tous. La communauté de foi, pendant ce temps, est toujours tendue au-delà d'elle-même et s'exprime dans son propre langage, celui de la prière.

Le langage de la communauté

La prière est le langage de la communauté chrétienne. Dans la prière, la nature même de la communauté devient visible parce qu'en priant, nous nous adressons à Celui qui forme la communauté. Nous ne nous adressons pas les uns aux autres dans la prière, mais ensemble nous prions Dieu, qui nous appelle et fait de nous un peuple nouveau. La prière n'est pas seulement l'une des nombreuses activités de la communauté. C'est son essence même. Bien des réflexions sur la prière ne traitent pas de cet aspect très sérieusement. Il semble parfois que la communauté chrétienne soit «si occupée» par ses projets et ses plans qu'elle ne trouve ni le temps ni le climat pour prier. Mais quand la prière n'est plus sa première préoccupation, quand ses nombreuses activités ne sont plus considérées comme faisant partie intégrante de la prière, alors la communauté n'est plus qu'un club qui a une cause commune, mais pas de vocation commune.

Par la prière, non seulement la communauté s'exprime-t-elle, mais elle se crée. La prière est d'abord l'actualisation de la présence de Dieu au milieu de son peuple et, donc, l'actualisation de la communauté elle-même. Les mots, les gestes, les silences par lesquels la communauté se forme sont on ne peut plus clairs et évidents. Quand nous écoutons la parole, non seulement nous saisissons le salut que Dieu opère, mais nous faisons aussi l'expérience de nouveaux liens entre nous. Quand nous nous tenons debout autour de l'autel, que nous mangeons le pain et buvons le vin, quand nous méditons à genoux ou formons une procession, non seulement faisons-nous mémoire de l'action de Dieu dans l'histoire de l'humanité, mais nous prenons conscience de sa présence créatrice ici et maintenant. Quand nous sommes assis ensemble en priant silencieusement, nous créons un espace où nous sentons que Celui que nous attendons nous touche déjà, comme il a touché Élie debout devant la caverne (voir *1 R* 19,13).

Mais les mêmes mots, les mêmes gestes et les mêmes silences sont aussi la voie que prend la communauté pour atteindre Celui qu'elle attend. Les mots que nous utilisons sont des mots de désir. Le petit morceau de pain que nous mangeons et la petite gorgée de vin que nous buvons peuvent nous rendre conscients de notre faim et de notre soif les plus ardentes, de même que le silence nous rend plus sensibles à la voix de Dieu qui nous appelle. La prière de la communauté témoigne donc qu'elle n'est pas comblée et qu'elle désire atteindre la maison de Dieu. Ainsi, la communauté en prière célèbre la présence de Dieu tandis qu'elle l'attend, et proclame son absence tandis qu'elle reconnaît qu'Il est déjà présent au milieu d'elle. C'est dire que la présence de Dieu est signe d'espérance et son absence, un appel à la conversion.

La prière étant le langage de la communauté, elle est en quelque sorte notre langue maternelle. L'enfant apprend à parler en suivant l'exemple de ses parents, de ses frères et sœurs, de ses amis, et pourtant il développe sa propre façon de s'exprimer. De même, notre prière personnelle se développe par les bons soins d'une communauté priante. Il n'est pas toujours possible de dire quelle structure institutionnelle nous pouvons appeler «notre communauté». Notre communauté est souvent une réalité intangible composée de gens dont les uns sont vivants et les autres morts, les uns présents, les autres absents, les uns tout proches, les autres éloignés, les uns âgés, les autres jeunes. Mais sans une sorte de communauté, la prière personnelle ne peut pas naître et se développer. La prière communautaire et la prière personnelle sont liées comme les deux mains jointes. Sans communauté, la prière personnelle dégénère facilement en activité purement égocentrique et excentrique, mais sans prière personnelle, la prière communautaire devient rapidement une routine dénuée de sens. La prière communautaire et la prière personnelle ne peuvent pas être séparées sans dommage. C'est pourquoi les maîtres spirituels sont habituellement critiques vis-à-vis ceux qui veulent s'isoler et soulignent l'importance de conserver des liens soutenus avec une communauté qui peut orienter la prière. C'est aussi pourquoi ces mêmes maîtres spirituels exhortent chacun des membres de leur communauté à consacrer du temps et de l'énergie à la prière personnelle, parce qu'ils savent que la communauté ne peut pas à elle seule répondre au désir de chaque personne d'établir une relation des plus intimes avec son Dieu.

Jusqu'au dernier jour

La prière de notre cœur peut croître en intensité et en profondeur au sein de la communauté de foi. Cette communauté, raffermie dans l'amour par nos prières individuelles, peut les élever vers Dieu en signe d'espérance dans la louange commune et l'action de grâce. Ensemble, nous tendons vers Dieu, au-delà de nos limites personnelles, tout en préservant les uns pour les autres l'espace nécessaire à notre recherche personnelle. Nous pouvons être des gens de différentes nationalités, de couleurs, d'histoires, de caractères et d'aspirations diverses, mais Dieu nous a tous appelés des «ténèbres» de nos illusions à l'«admirable lumière» de sa gloire. Cet appel partagé transforme notre monde en un lieu où le Thabor et Gethsémani peuvent coexister, transforme notre temps en un temps d'attente patiente et joyeuse du dernier jour, et nous transforme nous-mêmes en frères et sœurs. Saint Paul nous incite à être fidèles à cet appel commun lorsqu'il écrit:

> Vous-mêmes le savez parfaitement: le Jour du Seigneur vient comme un voleur dans la nuit. [...]
> Mais vous, frères, vous n'êtes pas dans les ténèbres, pour que ce jour vous surprenne comme un voleur. Tous, en effet, vous êtes fils de la lumière, fils du jour: nous ne sommes ni de la nuit, ni des ténèbres. Donc ne dormons pas comme les autres, mais soyons vigilants et sobres. Ceux qui dorment, c'est la nuit qu'ils dorment, et ceux qui s'enivrent, c'est la nuit

qu'ils s'enivrent; [...] revê*tus de la cuirasse* de la foi et de l'amour, avec le *casque* de l'espérance *du salut*. Car Dieu [ne] nous a [pas] destinés [...] à posséder le salut par notre Seigneur Jésus Christ, mort pour nous afin que, veillant ou dormant, nous vivions alors unis à lui. C'est pourquoi réconfortez-vous mutuellement et édifiez-vous l'un l'autre, comme vous le faites déjà. (*1 Th* 5,2-11)

Quand nous tendons vers Dieu personnellement et en communauté, rejetant constamment les illusions qui nous retiennent prisonniers, nous pouvons vivre une intime communion avec Lui, même si nous attendons toujours le Jour de son retour définitif. Alors nous faisons nôtres les paroles du très ancien psaume des pèlerins:

Je lève les yeux vers les montagnes:
d'où le secours me viendra-t-il?
Le secours me vient du Seigneur,
l'auteur des cieux et de la terre.

— Qu'il ne laisse pas chanceler ton pied,
que ton gardien ne somnole pas! —
Non! il ne somnole ni ne dort,
le gardien d'Israël.

Le Seigneur est ton gardien,
Le Seigneur est ton ombrage.
Il est à ta droite.

De jour, le soleil ne te frappera pas,
ni la lune pendant la nuit.
Le Seigneur te gardera de tout mal.
Il gardera ta vie.
Le Seigneur gardera tes allées et venues,
dès maintenant et pour toujours.

(*Ps* 121)

Conclusion

La nuit avant sa mort, Jésus dit à ses disciples:

> Encore un peu de temps et vous ne m'aurez plus sous
> les yeux, et puis encore un peu et vous me verrez. [...]
> En vérité, en vérité, je vous le dis, vous allez gémir et
> vous lamenter tandis que le monde se réjouira; vous
> serez affligés mais votre affliction tournera en joie. [...]
> Vous êtes maintenant dans l'affliction; mais je vous
> verrai à nouveau, votre cœur alors se réjouira, et cette
> joie, nul ne vous la ravira. (*Jn* 16,16-22)

Nous vivons dans ce «peu de temps», oui! un temps de
tristesse et de douleur. Vivre ce temps selon l'Esprit de Jésus
signifie qu'au milieu de nos souffrances, nous devons tendre vers celui qui s'est mis à notre portée et dont l'amour
les transforme en joies. Nous n'avons pas à nier ou à fuir

notre isolement, nos hostilités ou nos illusions. Au contraire, quand nous avons le courage de regarder ces réalités en face, de les comprendre et de les reconnaître, alors elles peuvent se convertir lentement en solitude, en hospitalité et en prière. Ceci ne veut pas dire que dans une vie spirituelle mature, notre «vieil homme» esseulé et agressif, avec toutes ses illusions, a tout simplement disparu et que nous vivons sereinement avec un esprit apaisé et un cœur purifié. De même que nous portons, une fois adultes, les cicatrices des luttes de notre jeunesse, ainsi notre solitude porte des traces de nos heures d'isolement, notre sollicitude pour les autres résonne parfois de sentiments de colère et notre prière manifeste parfois le souvenir et la présence de nombreuses illusions. Transfigurées par l'amour, ces signes douloureux deviennent signes d'espérance, comme les plaies de Jésus pour Thomas l'incrédule.

Lorsque Dieu nous atteint au cœur même de nos luttes et allume en nous le désir brûlant d'être unis à lui pour toujours, nous trouvons assez de courage et de confiance pour lui préparer le chemin et inviter tous ceux qui partagent notre vie à attendre avec nous, pour un peu de temps, le Jour de la joie totale. Raffermis par ce nouveau courage et cette nouvelle confiance, nous pouvons nous soutenir les uns les autres avec les mots pleins d'espérance que Paul écrivait à Tite:

> Car elle s'est manifestée, la grâce de Dieu, source de
> salut pour tous les hommes. Elle nous enseigne à re-

noncer à l'impiété et aux désirs de ce monde, pour que nous vivions dans le temps présent avec réserve, justice et piété, en attendant la bienheureuse espérance et la manifestation de la gloire de notre grand Dieu et Sauveur Jésus Christ. (*Tt* 2,11-13)

Table des matières

ACHEVÉ D'IMPRIMER
CHEZ
MARC VEILLEUX,
IMPRIMEUR À BOUCHERVILLE,
EN SEPTEMBRE MIL NEUF CENT QUATRE-VINGT-DIX-HUIT